Nina Weimann-Sandig

MEINE KINDER, DEINE KINDER

NINA WEIMANN-SANDIG

MEINE KINDER DEINE KINDER

Die besten Strategien für den Familienalltag von Patchwork-Eltern

KÖSEL

MIX
Papier | Fördert gute Waldnutzung
FSC® C083411

Penguin Random House Verlagsgruppe FSC® N001967

Redaktion: Diane Zilliges
Umschlag: FAVORITBUERO, München
Umschlagmotive: Shutterstock.com (Roman Samborskyi;
UfaBizPhoto; ViDI Studio; Studio Romantic; puruan; Dadan Andriyana)
Innenteilmotive: ONYXprj/stock.adobe.com
Satz: Satzwerk Huber, Germering
Druck und Bindung: CPI books GmbH, Leck
Printed in the EU
ISBN 978-3-466-31220-7

www.koesel.de

Inhalt

Vorwort

An einem schönen Sommertag im Juni sitzen meine Freundin Inge und ich auf der Terrasse. »Wie läuft es momentan bei euch als Patchworkfamilie?«, will Inge wissen – wie so oft in den mittlerweile fast neun Jahren seit unserer Patchworkfamiliengründung. »Ganz gut«, erwidere ich, ohne nachzudenken. »Ich akzeptiere die Dinge, die ich nicht ändern kann, zumindest versuche ich es. Ich habe meine Rolle für mich gefunden. Ich bin nicht die Mutter meiner Stiefkinder, denn die haben sie ja. Ich bin nicht die Freundin meiner Stiefkinder, denn das ist mir zu unverbindlich. Ich bin ihre Stiefmutter!«

Inge schaut mich nachdenklich an. »Du weißt, dass die Stiefmutter im Märchen die Böse ist und nicht gerade den besten Ruf hat? Willst du dich wirklich mit diesem Titel schmücken? Du bist doch gar nicht so gemein.« Sie sieht mich verschmitzt an und lacht dann laut los. Ich lache mit ihr. Nein, die böse Stiefmutter aus dem Märchen möchte ich natürlich nicht sein.

Als Inge an diesem Abend den Heimweg antritt, bleibe ich nachdenklich auf der Terrasse sitzen und erinnere mich zurück: Wann bin ich an dem Punkt angelangt, dass ich ohne Probleme den Begriff Stiefmutter nutzen kann, und wie? Was hat mir geholfen, meine persönliche Art zu finden, unsere Patchworkfamilie und die Beziehung zu meinen Stiefkindern zu gestalten? Was kann und will ich meinen Stiefkindern bis heute mitgeben? Woran bin ich gescheitert?

Gerade in den vergangenen Jahren hat das Thema Stieffamilien oder Patchworkfamilien durch viele Familienblogs, aber auch durch den zahlenmäßigen Anstieg dieser Familienform in Deutschland an Bedeutung gewonnen. Meine Analyse der Berichterstattung und der Blogs zeigt deutlich, wie unsicher sich Stiefelternteile in ihren neuen Rollen fühlen, wie sehr sie aber auch dafür kämpfen, dieses besondere Familienmodell sichtbarer zu machen, mit seinen Sonnen- wie auch Schattenseiten. Denn tatsächlich ist das Projekt Patchworkfamilie nicht immer ein Erfolgsprojekt. Im Gegenteil: Es ist mit vielen Stolpersteinen verknüpft, es braucht Zeit, viel Engagement, und dennoch gibt es keinerlei Garantie für ein Gelingen. Diese Ehrlichkeit in der Betrachtung von Patchworkfamilien fehlt aus meiner Sicht bisher und wird den vielen Herausforderungen, denen Patchworkfamilien, vor allem aber Stiefelternteile begegnen, nicht gerecht. Insofern möchte ich mit diesem Buch insbesondere diese Perspektive beleuchten. Meine Vorgehensweise ist dabei vielleicht etwas anders als bei anderen: Als Wissenschaftlerin und Schriftstellerin braucht es für mich den analytischen Blick. Als Stiefmutter kann ich zudem mein Bauchgefühl zusteuern. Zum Beispiel das Unbehagen, das auch ich oft heute noch im Umgang mit meinen Stiefkindern verspüre, weil ich Angst davor habe, alles falsch zu machen. Die Verletzlichkeit und Niedergeschlagenheit, die ich auch nach vielen Jahren ab und an fühle, weil manche Probleme einfach unlösbar scheinen.

Da ich im Laufe meiner Analysen festgestellt habe, dass es unterschiedliche Anspruchshaltungen und Bewältigungsmechanismen von leiblichen Elternteilen und Stiefelternteilen in der Patchworkkonstellation gibt, und da ich beides bin, versuche ich, beide Perspektiven im Buch aufzugreifen. Allerdings fehlt es Stiefmüttern und Stiefvätern meiner Meinung nach in Deutschland ganz entscheidend an Unterstützung, was eigentlich nicht fair ist. Denn die meisten Stiefelternteile eint eine große Gemeinsamkeit: das Bedürfnis, im Leben der Stiefkinder präsent zu sein und eine möglichst gute Familienzeit miteinander zu gestalten. Dementsprechend gibt es in diesem Buch Kapitel, die bewusst generell für Stiefelternteile verfasst wurden, und zudem Elemente, die individuelle Perspektiven von Stiefmüttern gezielt in den Blick nehmen, denn das liegt mir natürlich sehr nahe.

Letztlich ist dieses Buch aber auch ein Leitfaden für leibliche Elternteile. Diese wissen oftmals gar nicht, mit welchen Herausforderungen die Stiefelternteile konfrontiert sind, und wollen die Probleme manchmal auch nicht wahrhaben. Vielleicht, weil es schmerzhaft ist, zu akzeptieren, dass das eigene Kind, das einem selbst so viel Liebe entgegenbringt, durchaus gemein und ablehnend gegenüber dem Stiefelternteil sein kann. Aber gerade leibliche Elternteile müssen sich eines bewusst machen: Stiefelternteile haben keine große Lobby. Viele Probleme müssen sie mit sich selbst ausmachen. Es ist also unbedingt notwendig, dass Patchworkfamilien eine Stimme verliehen wird und wir unsere Augen nicht davor verschließen, welche Probleme Stiefmamas und -papas meistern müssen. Aber auch welche große Bereicherung die Patchworkkonstellation für alle Beteiligten und speziell für die Kinder in ihrem Aufwachsen sein kann.

Nina Weimann-Sandig, im Oktober 2024

Einleitung

Was dieses Buch ist – und was es nicht ist

Wenngleich Patchworkfamilien oftmals entstehen, weil Eltern sich trennen und dann neue Partner:innen finden, steht die Trennungsbewältigung in diesem Buch nicht im Fokus. Wer hierzu Rat sucht, muss dennoch nicht ratlos bleiben. In meinem ersten Buch *Weil Kinder beide Eltern brauchen* beschäftige ich mich ausführlich mit Trennungserfahrungen aus der Perspektive der Eltern und der Kinder. Ebenso gebe ich dort Informationen zu den unterschiedlichen Trennungsmodellen und versuche, deutlich zu machen, wie wichtig eine gemeinsame Elternschaft auch nach der Trennung ist. Dieses Buch, mein zweites, beginnt nun mit dem Zeitpunkt, an dem sich Menschen, die bereits aus früheren Beziehungen Kinder haben, entschieden haben, miteinander zu leben und dementsprechend eine neue Familie zu gründen. Eine Patchworkfamilie. Dies ist eine ganz besondere Herausforderung. Auf der einen Seite stehen die Verliebtheit und das Gefühl, als Paar so oft wie möglich zusammen sein zu können, den Alltag gemeinsam zu gestalten und eine gemeinsame Zukunft aufzubauen. Auf der anderen Seite steht die Verantwortung für Kinder aus einer früheren Beziehung, die vielleicht noch unter der Trennung leiden und eigentlich keinen zusätzlichen Vater, keine zusätzliche Mutter in ihrem Leben haben wollen. Der gemeinsamen Zukunft steht also immer auch eine Vergangenheit gegenüber, die man als Elternteil oft regelrecht auslöschen möchte, die aber für die Kinder wichtig ist.

Patchworkfamilien entstehen häufig aus komplexen Lebenssituationen, in denen fast immer Trennungen eine Rolle spielen. Es ist jedoch wichtig, über diese Trennungen hinauszublicken und das Positive zu sehen. Ein Buch über Patchworkfamilien sollte daher aus meiner Sicht die Chancen und Möglichkeiten, die diese Familienkonstellation bietet, in den Vordergrund stellen. Dementsprechend geht es in diesem Buch darum, wie die neue Familie in den Mittelpunkt gerückt werden kann. Es geht darum, wie neue Bindungen geknüpft werden können, wie Vertrauen aufgebaut und ein liebevolles und harmonisches Umfeld für alle Familienmitglieder geschaffen werden kann. Dabei sollen die Schattenseiten der Patchworkfamilie nicht ausgeblendet werden. Gerade weil ich selbst seit über neun Jahren erlebe, wie sehr man als Patchworkmutter gefordert ist und welche unterschiedlichen Gefühle das in mir auslöst, möchte ich in diesem Buch nichts beschönigen. Es ist notwendig, dass wir Patchworkeltern offen und ehrlich über unsere komplexen und oft überfordernden Gefühle und Erfahrungen sprechen. Dieses Buch soll praktische Ratschläge, erprobte Strategien und inspirierende Geschichten aus meinem turbulenten Patchworkfamilienleben enthalten, die Ihnen helfen, Ihre eigene Patchworkfamilie zu stärken und zu bereichern. Am Ende dieses Buches werden Sie hoffentlich erkennen können, dass Patchworkfamilien eine einzigartige Dynamik haben. Indem wir uns auf den Aufbau einer starken, liebevollen und unterstützenden Familie konzentrieren, können wir gemeinsam eine solide Grundlage schaffen, um die Herausforderungen zu meistern, die auf diesem Weg auftreten können. Letztendlich wollte ich gern das Buch schreiben, von dem ich gewünscht hätte, es wäre schon auf dem Markt gewesen, als ich meine Patchworkfamilie gegründet habe. Über 20 Kapitel sind nun entstanden – das verdeutlicht noch einmal die Vielzahl und Komplexität der Themen und Herausforderungen, mit denen Patchworkfamilien und insbesondere Stiefelternteile konfrontiert sind.

Im ersten Teil dieses Buches werden wir einen Blick auf die Rahmenbedingungen für Patchworkfamilien werfen. Wie steht es denn um Rechte und Pflichten von Stiefelternteilen? Welche finanziellen Aspekte müssen bei einer Patchworkfamiliengründung bedacht werden? Ist es gut, wenn man sofort als Patchworkfamilie zusammenzieht, oder gibt es auch alternative Wohnformen? Aber auch mit dem Mythos der bösen Stiefmutter werden wir uns beschäftigen, indem wir uns fragen, woher dieses grauenvolle Bild kommt und ob es denn mehr Fiktion als Tatsache ist.

Der zweite Teil des Buches konzentriert sich auf die ersten Schritte im neuen Patchworkfamilienmodell. So ist die Kommunikation über die Entscheidung, Patchworkfamilie zu werden, ein heikles Thema. Wie sage ich meinen Kindern, dass wir zukünftig nicht mehr allein leben werden, sondern sie auch Stiefgeschwister haben werden? Was werden Großeltern und Freundeskreis sagen, wie werden sie reagieren? Welche Wohnarrangements eignen sich für Patchworkfamilien, und wie kann es gelingen, dass sich alle wohl und eingebunden fühlen? Ebenso blicken wir in diesem Teil auf die einzelnen Phasen des Patchworkfamilienlebens, ihre Eigenheiten und spezifischen Herausforderungen.

Der dritte Teil des Buches ist den konkreten Herausforderungen des bunten Patchworkfamilienalltags gewidmet. Hier geht es um Beziehungsqualität und ganz besonders auch um die Frage nach Liebe, die nach wie vor ein Tabuthema in der Beschäftigung mit Stieffamilien ist: Kann oder muss ich als Stiefelternteil meine Stiefkinder lieben, damit die ganze Sache klappt? Auch eine Partnerschaft im Patchworkfamilienkontext ist vor einzigartige Herausforderungen gestellt, die wir gemeinsam näher betrachten werden. Nicht zuletzt ist es wichtig, die Beziehung zu den getrennt lebenden Elternteilen im Blick zu behalten, damit ein Patchworkfamilienmodell gut funktionieren kann.

Wie schon in meinem ersten Buch ist es mir auch hier ein Anliegen, zusätzlich die Perspektive der Kinder herauszuarbeiten und zu hinterfragen, was das Aufwachsen mit Stiefelternteilen in einer Patchworkfamilie für sie bedeutet. Auch hier spreche ich bewusst Tabuthemen an, etwa wie man damit umgehen kann, wenn man vom Stiefkind rigoros abgelehnt wird.

Zum Auftakt

Was sagen Stiefelternteile über ihre aktuelle familiäre Situation?

Um nicht Gefahr zu laufen, in diesem Buch ausschließlich meine subjektive und gefilterte Wahrnehmung darzulegen, bin ich in dieses Projekt mit einer kleinen Stiefelternbefragung eingestiegen. Ich habe versucht, sie möglichst unkompliziert zu halten. Ein Online-Fragebogen zu aktuellen Fragestellungen rund um das Thema Stiefelterndasein und Patchworkfamilie wurde über einige Stiefelternblogs geteilt mit der Bitte, sich an dieser kurzen und anonymen Befragung zu beteiligen. Selbstverständlich erhebt eine solche unkomplizierte Vorgehensweise keinen Anspruch auf Repräsentativität, die getroffenen Aussagen können keinesfalls auf alle Stiefelternteile in Deutschland verallgemeinert werden. Darum ging es mir aber auch gar nicht. Ich wollte wissen, wie Stiefelternteile ihre Rolle in der Patchworkfamilie definieren und wie sie die Beziehung zu ihrem Stiefkind bzw. zu ihren Stiefkindern beschreiben, um entsprechend differenzierte Empfehlungen in diesem Buch machen zu können. 30 verwertbare Fragebögen kamen bei dieser kleinen Befragung zusammen, mehrheitlich von Stiefmüttern ausgefüllt. Dies kann zum einen daran liegen, dass sich mehr Stiefmütter als Stiefväter durch die ausgewählten Blogs angesprochen fühlen, auf denen die Befragung gepostet wurde. Zum anderen gibt es aber einen natürlichen Befragungseffekt in der Sozialforschung: Generell nehmen Frauen häufiger an Befragungen teil als Männer.

Wie wichtig es ist, dass sich Ratgeber gezielt mit dem Thema Stiefelterndasein und Patchworkfamilie auseinandersetzen, zeigen beispielsweise die Ergebnisse meiner kleinen Umfrage zum Spannungsfeld zwischen leiblicher Elternschaft und Stiefelternschaft. Sehr selbstkritisch gibt hier die überwiegende Mehrheit der Befragten an, doch immer wieder einen Unterschied hinsichtlich der Zuwendung und Aufmerksamkeit, die den leiblichen Kindern bzw. den Stiefkindern zuteilwerden, zu machen – zulasten der Stiefkinder. Dies liegt einerseits daran, dass die Beziehungsintensität, also die Zeit, die man mit den leiblichen Kindern verbringt, von einem Großteil der befragten Stiefelternteile als höher eingeschätzt wird, zum anderen aber auch an oftmals ungeklärten Rollenerwartungen und Rollenbildern.

Bei der Frage, wie Stiefelternteile von ihrem Stiefkind bzw. ihren Stiefkindern gesehen werden, dominierten zwar die Angaben »als Elternteil/Ersatzelternteil«, »Vertraute:r oder Begleiter:in«, allerdings wurde auch die Rolle des Konkurrenten/der Konkurrentin bzw. des Eindringlings oft genannt. Einige Stiefelternteile gaben auch an, überhaupt keine Vorstellung darüber zu haben, wie sie von ihrem Stiefkind bzw. ihren Stiefkindern gesehen werden. Interessanterweise besteht ein Zusammenhang zwischen der Rolle, in der man sich aus der Perspektive des Stiefkindes sieht, und der Beziehungsintensität. Diejenigen Elternteile, die in der Befragung angaben, sich in einer begleitenden und freundschaftlichen Rolle zu ihrem Stiefkind zu befinden, gaben auch an, kaum oder gar keine Unterschiede hinsichtlich der Zuwendung und Aufmerksamkeit zwischen leiblichem Kind und Stiefkind zu machen. Umgekehrt haben diejenigen Stiefelternteile, die sich als Eindringling oder Konkurrent:in fühlen, sehr viel größere Probleme, eine Beziehungsqualität zu ihren Stiefkindern zu etablieren.

Dass ein Patchworkfamiliendasein gerade auch für die Partnerschaft oftmals eine sehr große Belastungs- und Bewährungsprobe darstellt, verdeutlichen die Ergebnisse zu den Konfliktanfälligkeiten und Streitthemen mit dem Partner bzw. der Partnerin. Der Streit über Stiefelternthemen wie Kontaktgestaltung zu ehemaligen Partner:innen nach der Trennung, unterschiedliche Erziehungsstile der jeweiligen Familien des Kindes oder der jetzigen Partner:innen, aber auch finanzielle Aspekte dominieren hier deutlich.

In der nachfolgenden Grafik habe ich besonders hervorstechende Themen anhand sogenannter Mittelwerte grafisch dargestellt, die Zahlen auf der Achse entsprechen der Antwortskala von »nie« (0) bis »sehr häufig« (3):

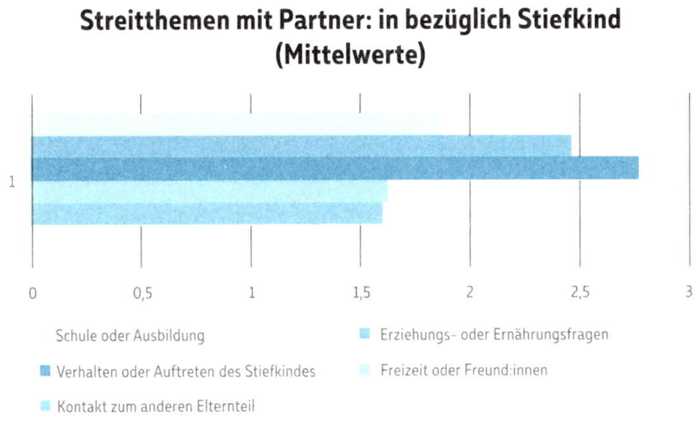

Quelle: Eigene Darstellung.

Die fünf häufigsten Streitthemen sind hier abgebildet. Auf Platz eins ist klar der Streit hinsichtlich des Verhaltens und Auftretens des Stiefkindes, gefolgt von klassischen Erziehungs-, aber auch Ernährungsfragen. Auch das Thema Schule und Ausbildung sorgt für Uneinigkeit in der Patchworkfamilie, gerade weil Stiefelternteile hier oft das Gefühl haben, ihre Perspektiven zu wenig einbringen zu können. Freizeitgestaltung, aber auch die Auswahl von Freund:innen sowie die Kontaktgestaltung zum anderen leiblichen Elternteil bergen ebenfalls, wenn auch abgeschwächt, Konfliktpotenzial. Diese Palette an Streitigkeiten ist sicherlich auch darauf zurückzuführen, dass sich moderne Stiefelternteile heute in hohem Maße in ihre neue Patchworkfamilienstruktur einbringen und sehr viele Aufgaben übernehmen, die vorher allein von den leiblichen Elternteilen ausgeführt wurden. Die gemeinsame familiäre Sorgearbeit hat in heutigen Patchworkfamilien einen hohen Stellenwert, das hat mir die Abfrage von Aufgaben, die von den Stiefelternteilen übernommen werden, deutlich vor Augen geführt.

Auf die Frage »Wie würden Sie Ihr Selbstverständnis als Stiefelternteil mit Blick auf folgende Alltagsaufgaben beschreiben?«, antwortete die große Mehrheit der Teilnehmenden, dass man die Stiefkinder unterstützen wolle, soweit es die eigenen und die rechtlichen Möglichkeiten zuließen. Die Alltagsstruktur ist demnach angepasst an das Alter und die Bedürfnisse der leiblichen Kinder wie auch der Stiefkinder. Fahrten zum Arzt, Besuche von Therapiemaßnahmen, Freizeitgestaltung und das Fahren zu Freund:innen oder Sportaktivitäten stehen ebenso auf dem Plan der Stiefelternteile wie die Teilnahme an Infoveranstaltungen von Schulen oder Betreuungseinrichtungen. Dies zeigt, welche Mühe sich Stiefelternteile heute geben, ihr Familienmodell am Laufen zu halten und ihr persönliches Familienglück zu realisieren.

Dennoch macht bereits diese kleine Befragung das Spannungsfeld deutlich, in dem sich Stiefelternteile heute bewegen. Ihren eigenen Ansprüchen und Erwartungshaltungen stehen die Perspektiven der Stiefkinder gegenüber, die durchaus anders ausfallen können. Die Beziehungsarbeit muss nicht nur im Rahmen der Partnerschaft und zu den leiblichen Kindern (und deren getrennt lebendem zweiten leiblichen Elternteil), sondern gerade auch zu den Stiefkindern gestaltet werden und irgendwie ja außerdem zu dem getrennt lebenden leiblichen Elternteil der Stiefkinder. Es ist also kein Wunder, dass die Stiefelternteile in der Befragung auch immer wieder sehr ehrlich antworten, dass sie sich das Zusammenleben in einer Patchworkfamilie einfacher und rosiger vorgestellt haben und dass die Realität sehr ernüchternd sein kann. Dennoch – und das zeigt, wie lohnenswert es ist, nicht aufzugeben – gab die deutliche Mehrheit der befragten Stiefelternteile an, das Stiefkind bzw. die Stiefkinder im eigenen Leben nicht mehr missen zu wollen!

Trotz mancher Unstimmigkeiten – ich möchte meine Stiefkinder in meinem Leben nicht missen.

*Zahl der befragten Elternteile ist 30

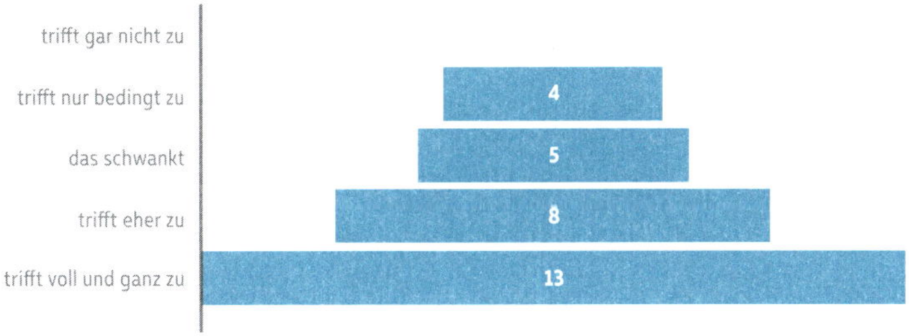

Quelle: Eigene Darstellung.

Es braucht also Aufklärung und Information über Vorurteile gegenüber Stiefelternteilen oder auch hinsichtlich der rechtlichen Rahmenbedingungen von Patchworkfamilien. In einem ersten Schritt wollen wir uns im nachfolgenden Kapitel mit diesen Rahmenbedingungen auseinandersetzen und uns zunächst die Merkmale von Patchworkfamilien als Familien einer besonderen Art ansehen.

TEIL 1

RAHMEN-BEDINGUNGEN

Patchworkfamilien sind besonders – warum?

Im Ursprung bezeichnet der Begriff der Stieffamilie nichts anderes als eine Partnerschaft, bei der mindestens eine:r der beiden Partner:innen bereits Kinder hat.[1]

Im Verlauf dieses Kapitels wird sich jedoch zeigen, dass es mittlerweile eine große Variationsbreite an Stieffamilien bzw. Patchworkfamilien gibt und worin sich beide Begriffe unterscheiden.

Betrachtet man die Zahlen zur Verbreitung von Patchwork- bzw. Stieffamilien in Deutschland, dann handelt es sich hierbei keinesfalls um besondere Familien. Besonderheit im Sinne von Ausnahme zumindest trifft mit Blick auf die steigende Zahl von Patchworkfamilien in Deutschland, der Schweiz und Österreich nämlich nicht mehr zu. Die aktuellsten Zahlen stammen hier aus dem Jahr 2011 (sind damit also überhaupt nicht aktuell ...) und beziffern den Anteil von Stieffamilien an allen Familienformen in Westdeutschland auf 13 Prozent und in Ostdeutschland sogar auf 18 Prozent.[2] Tatsächlich werden bei diesen Erhebungen aber nur Stieffamilien mit Kindern bis 16 bzw. 18 Jahren inkludiert, insofern dürfte die Zahl der realen Stieffamilien deutlich höher liegen. Die zunehmende Zahl von Stieffamilien ist auch dadurch begründet, dass nicht mehr der Tod eines Elternteils für die Wiederverheiratung des anderen ausschlaggebend ist, wie es in früheren Generationen üblich war. Vielmehr gehören Trennung und Scheidung heute zum Alltag deutscher Familien, da jede dritte Ehe geschieden wird.[3]

Die Begriffe Stieffamilie und Patchworkfamilie werden oft synonym verwendet. In der Wissenschaftsliteratur werden sie dahingehend unterschieden, dass in die Stieffamilie Kinder aus früheren Beziehungen eingebracht werden, während es in der Patchworkfamilie zu diesen Stiefkindern dann auch noch mindestens ein gemeinsames Kind gibt. Weniger gebräuchlich ist hingegen der Begriff Bonusfamilie. Aber auch die Begriffe wie Fortsetzungsfamilie, binukleare Familie oder rekonstruierte Familie sind gebräuchlich. Wenngleich Stief- und Patchworkfamilie also einen kleinen, aber feinen Unterschied aufweisen, werden beide Begriffe zusehends synonym verwendet, denn der Begriff Patchworkfamilie wird als neutraler und weniger stigmatisierend angesehen als der Begriff Stieffamilie.

Im Althochdeutschen bedeutet *Stief* so viel wie »verwaist«, »zurückgelassen«.[4] Während »Stieffamilie« also manchmal negative Assoziationen haben kann, die auf Vorurteilen oder Vorstellungen von Konflikten in solchen Familien basieren, wird Patchworkfamilie eher als eine Beschreibung der Vielfalt und des Zusammenkommens verschiedener Teile angesehen. Denn der Begriff Patchworkfamilie betont die Idee, dass Familien aus verschiedenen Teilen bestehen können, die zusammengefügt werden, ähnlich wie bei einem Patchworkquilt. Dieser Begriff sensibilisiert folglich für eine größere Vielfalt von Familienkonstellationen (zu denen auch alleinerziehende Elternteile gehören, Stiefeltern, Halbgeschwister und andere Verwandtschaftsverhältnisse). Jedoch gibt es mittlerweile auch etliche Autor:innen, die bewusst den Begriff Stieffamilie gebrauchen, um darauf aufmerksam zu machen, dass es eben nicht nur die Sonnenseiten des miteinander Verschmelzens und Verwachsens gibt, sondern dass der Weg dieser besonderen Familienform oft sehr steinig ist und einzelne Flicken manchmal leider auch abreißen. So verweist beispielsweise die Soziologin Anja Steinbach[5] darauf, dass viele alternative Begrifflichkeiten zur Stieffamilie unscharf sind und die Benennung der Familienmitglieder vernachlässigen, weshalb bei der Beschreibung der Beziehungsgestaltung auf bewährte Begriffe wie Stiefeltern, Stiefkind und Stiefgeschwister zurückgegriffen wird. Auch gibt Steinbach zu bedenken, dass neue Terminologien nicht dazu führen, bestehende Vorurteile gegenüber der Familienform abzubauen.

Bewusst möchte ich in diesem Buch beide Begriffe gebrauchen, um deutlich zu machen, dass es nicht um die Begrifflichkeiten gehen darf, sondern dass *immer* die Besonderheit dieses Modells, seine Zerbrechlichkeit, aber auch seine immensen Potenziale im Vordergrund stehen müssen. Hilfreich ist es meiner Meinung nach auch, beide Begriffe zu verwenden, weil man einerseits die unterschiedlichen Schwerpunktsetzungen und Herausforderungen betonen kann, gleichzeitig aber mit dieser begrifflichen Vielfalt auch auf die Buntheit der Stief- bzw. Patchworkfamilien verweisen kann. Es spielt dabei überhaupt keine Rolle, ob es sich bei den Eltern um eine heterosexuelle Paarbeziehung oder eine Regenbogenkonstellation handelt, in den Blick genommen wird stets der Verwandtschaftsgrad der Elternteile zu ihren Kindern.

Stieffamilien sind bunt!

Wichtig für die Definition ist folglich also die Frage, ob es sich bei den Elternteilen um die biologischen oder sozialen Elternteile handelt. Und in Stieffamilien gibt es eben einen biologischen und einen sozialen Elternteil. Die wohl gängigste Definition lautet:

» Eine Stieffamilie ist eine um Dauer bemühte Lebensgemeinschaft, in die mindestens einer der Partner mindestens ein Kind aus einer früheren Partnerschaft mitbringt, wobei das Kind bzw. die Kinder zeitweise auch im Haushalt des jeweils zweiten leiblichen Elternteils leben kann bzw. können. «[6]

Diese Definition ist deshalb so beliebt, weil sie nicht unterscheidet, ob die Patchworkfamilie in einem Haushalt lebt oder in getrennten Wohnungen (Living- apart-together wird letzteres Modell in der Fachsprache genannt) und ob die Partner:innen sich verheiraten oder in unverheirateten Lebensgemeinschaften leben. Tatsächlich zeichnen sich Stieffamilien durch eine große Bandbreite an Beziehungsformen aus (eben auch stark davon abhängig, welche Trennungsmodelle für die Kinder aus den früheren Partnerschaften vereinbart wurden) und sind oftmals auch größer als die klassische deutsche Kernfamilie, denn mehr als die Hälfte dieser Familien hat nur ein Kind.[7]

Natürlich macht es sich die Wissenschaft noch einmal schwieriger, indem auch unterschiedliche Typen von Stieffamilien unterschieden werden. Nämlich einfache, zusammengesetzte und komplexe Stieffamilien.[8] Bei den einfachen Stieffamilien gibt es nur eine biologische Verwandtschaft zwischen dem Kind bzw. den Kindern und einem Erwachsenen. Bei zusammengesetzten Stieffamilien bringen beide neuen Partner:innen ein Kind oder Kinder aus einer früheren Beziehung mit. Bei komplexen Stieffamilien kommt zusätzlich zu den Kindern der beiden Partner:innen aus früheren Beziehungen nun noch ein gemeinsames Kind. Früher wurde ausschließlich dieser Stieffamilientyp als Patchworkfamilie bezeichnet, weil das gemeinsame Kind als das zentrale Verbindungsglied der neuen Familie bezeichnet wurde. Dies hat sich aber geändert, um die Bedeutung der sozialen Elternschaft in allen Stieffamilienkonstellationen in den Vordergrund zu stellen.

Dies führt uns auch zur eigentlichen Besonderheit von Stief- bzw. Patchworkfamilien. Zur biologischen Elternschaft tritt in dieser Konstellation immer auch eine soziale Elternschaft und dabei oftmals eine unterschiedliche Basis für Geschwister. Während man mit einem Geschwister biologisch verwandt ist, existieren zu den anderen Geschwistern keine direkten verwandtschaftlichen Beziehungen. Und dennoch machen viele Patchworkgeschwister keinerlei Unterschied zwischen leiblichen und Stiefgeschwistern. So etwa meine Kinder. Egal ob auf den Zeichnungen des Kleinsten oder bei Fragen nach Familienmitgliedern an die drei größeren, es gibt immer die gleiche Botschaft: Wir sind vier Kinder in der Familie! Basta!

Für uns Eltern in dieser Patchworkfamilie ist es nicht ganz so einfach, und damit sind wir nicht allein. In der kleinen Stiefelternbefragung, die ich eingangs vorgestellt hatte, konnten die befragten Stiefelternteile angeben, was Patchworkfamilie für sie ganz persönlich bedeutet und was sie keineswegs mit diesem Begriff assoziieren. Die Ergebnisse dieser subjektiven Zuschreibungen an den Begriff Patchworkfamilie habe ich, damit es etwas eingängiger wird, in einer Wortwolke zusammengefasst. Die besonders großen und dick gedruckten Begriffe wurden von den Befragten besonders häufig genannt.

Wortwolke »Was die Patchworkfamilie für mich ist«, 30 Befragte zeichneten am Ende dieses Bild. Eigene Darstellung.

Diese Wortwolke zeigt uns ein ambivalentes Bild. Eine Patchworkfamilie ist für einen Großteil der Teilnehmenden an meiner kleinen Befragung ein Ort, an dem es zugleich viel Liebe, aber auch Stress gibt. Sie ist eine Herausforderung im Leben der Stiefelternteile, oftmals sogar eine Lebensaufgabe. Gleichzeitig wird die Patchworkfamilie auch als bunter Ort und neues Familienmodell beschrieben, erfährt hier also eine eindeutig positive Zuordnung.

Sehr eindeutige Äußerungen trafen die Teilnehmenden auch hinsichtlich der Frage, was die Patchworkfamilie für sie gerade nicht ist. Auch dies verdeutlicht uns eine Wortwolke:

Wortwolke »Was die Patchworkfamilie für mich nicht ist«, 30 Befragte zeichneten am Ende dieses Bild. Eigene Darstellung.

Zu Recht verweisen nahezu alle Befragten darauf, dass es nicht *die* Patchworkfamilie gibt, sondern eine große Variationsbreite. Es macht einen Unterschied, ob beide Partner:innen Kinder aus früheren Beziehungen mitbringen oder nur eine Person. Liegt eine Trennung der leiblichen Elternteile vor, gab es nie einen zweiten leiblichen Elternteil (weil er gar nichts von dem Kind weiß oder die Verantwortung nicht übernehmen wollte), oder ist dieser gar verstorben? Diese unterschiedlichen Konstellationen beeinflussen das Patchworkgefüge ebenso wie die Anzahl der Kinder, die Frage, ob es neben den Stiefkindern noch ein gemeinsames Kind geben soll, oder auch das Alter der Kinder – um nur einige Faktoren zu nennen. Wichtig war es vielen Befragten ebenso, darauf hinzuweisen, dass das Konstrukt Patchworkfamilie kein Selbstläufer ist, sondern man viel investieren muss, damit es gelingt. In einer Patchworkfamilie wird es selten langweilig – das kann ich aus eigener Erfahrung nur zu gut bestätigen. Zugleich war es immerhin der Hälfte der Teilnehmenden aber auch wichtig, darauf hinzuweisen, dass gerade das Patchworkfamilienmodell bis heute durch den Staat nicht gut abgesichert wird. Denn zum einen sind komplett unterschiedliche gesetzliche Regelungen zur biologischen Elternschaft und zur sozialen Elternschaft in Kraft. Zum anderen sind da die anderen, getrennten Elternteile, die umfassende Rechte haben, mitberücksichtigt werden müssen und ihrerseits selbstverständlich das Leben und Aufwachsen der Kinder prägen.

Ergänzend zur Wortwolke, sollte man hinzufügen, dass es oftmals die alltäglichen Dinge sind, die sich herausfordernd gestalten können. Das sind finanzielle und organisatorische Aspekte, gerade auch dann, wenn unterschiedliche Trennungsmodelle existieren. Kommunikative Aspekte kommen ergänzend hinzu, da oft unterschiedliche Gesprächsstrukturen und Umgangsweisen mit den Expartner:innen etabliert sind. Nicht zu vergessen ist auch die Herausforderung, eine Übereinkunft hinsichtlich der Erziehung, Normen und Werte zwischen den neuen Partner:innen zu erzielen. Gerade wenn es darum geht, einen gemeinsamen Erziehungsstil zu finden, ist es wichtig, dass Patchworkfamilien und gerade auch die Stiefelternteile wissen, welchen rechtlichen Rahmenbedingungen sie in Deutschland unterliegen. Dies schauen wir uns im nachfolgenden Kapitel genauer an.

»Stiefeltern sein ist nicht Fisch, nicht Fleisch.«

Die rechtliche Stellung von Stiefeltern in Deutschland

Der zitierte Satz aus der Überschrift stammt aus der offenen Frage zur Stellung von Stiefelternteilen in Deutschland, wurde also von einem Stiefelternteil sehr gut auf den Punkt gebracht. Tatsächlich sind Stieffamilien auch rechtlich ein wenig bearbeitetes Thema. Dennoch: Über die rechtliche Stellung von Stiefeltern Bescheid zu wissen, lohnt sich hinsichtlich der Rechte und Pflichten, die Sie als Stiefelternteil in einer Patchworkfamilie haben. In meiner kleinen Stiefelternbefragung gaben beispielsweise nahezu alle befragten Stiefelternteile an, nicht darüber Bescheid zu wissen, was mit den Stiefkindern passieren würde, wenn der leibliche Elternteil verstirbt. Wie steht es mit Ihnen? Haben Sie sich schon über alle Möglichkeiten, Grenzen und rechtliche Problematiken als Stiefelternteil informiert? Testen Sie sich doch einfach mal selbst!

QUIZ ZUR RECHTLICHEN SITUATION

Verantwortung für die Stiefkinder

- ○ Wenn ich mit einem Partner / einer Partnerin zusammenziehe, der/die Kinder hat, bin ich automatisch für diese Kinder verantwortlich, zum Beispiel auch finanziell.
- ○ Wenn ich mit einem Partner / einer Partnerin zusammenziehe, der/die Kinder hat, trage ich keine umfassende Verantwortung für diese Kinder.

Rechtliche Stellung von Patchworkfamilien in Deutschland

- ○ Es gibt keinen Unterschied zwischen verheirateten und nicht verheirateten Patchworkfamilien mit Blick auf das Sorgerecht für Stiefkinder.
- ○ Nur verheiratete Patchworkelternteile haben Anspruch auf das Sorgerecht für Stiefkinder.

Rechte des Stiefelternteils bei der Betreuung und Erziehung der Stiefkinder

- ○ Ein Stiefelternteil kann automatisch an der Betreuung und Erziehung des Stiefkindes mitwirken.
- ○ Der leibliche Elternteil kann dem Stiefelternteil eine Vollmacht übertragen, damit der ihn bei wichtigen Erziehungs- und Betreuungsgesprächen, zum Beispiel in Kita oder Schule, vertritt. Hierfür braucht es aber die Zustimmung des zweiten leiblichen Elternteils.
- ○ Der leibliche Elternteil kann dem Stiefelternteil eine Vollmacht übertragen, damit der ihn bei wichtigen Erziehungs- und Betreuungsgesprächen, zum Beispiel in Kita

oder Schule, vertritt. Hierfür braucht es keine Zustimmung des zweiten leiblichen Elternteils.

Tod des Partners / der Partnerin

- Beim Tod des Partners / der Partnerin verbleiben dessen/deren leibliche Kinder in der Obhut des Stiefelternteils, mit dem sie auch bis dahin zusammenlebten.
- Beim Tod des Partners / der Partnerin muss der Stiefelternteil dessen/deren leibliche Kinder in die Obhut ihres anderen leiblichen Elternteils geben.

Hier kommt die Auflösung dieser wichtigen Fragestellungen.

Zunächst ist es wichtig zu wissen: Stiefelternteil bin ich nicht sofort, wenn ich einen Menschen mit Kindern date und mit diesem zusammenkomme. Der Begriff Stiefeltern setzt voraus, dass tatsächlich ein elternähnliches Verhältnis gegeben ist. Ich muss also schon einen entscheidenden Anteil am Leben meines Stiefkindes haben, wenn ich mich als Stiefelternteil bezeichnen und auch rechtlich so gesehen werden möchte. Ab und an mit dem neuen Partner oder der neuen Partnerin und den Kindern in den Urlaub zu fahren, lässt noch keine Stiefelternbezeichnung zu. Früher galt tatsächlich erst die Heirat als Anerkennung einer Stiefelternschaft. Da heute immer weniger Paare heiraten und noch viel weniger sich wiederverheiraten, ist die Heirat kein Maßstab mehr. Es geht vielmehr um einen wesentlichen Anteil der gemeinsamen Alltagsgestaltung, also die Übernahme von Verpflichtungen.

Tatsächlich haben Stiefeltern in Deutschland, im Vergleich zu leiblichen Eltern, eine sehr begrenzte rechtliche Stellung. Sie haben keine automatische elterliche Sorge für das Kind ihres

Partners bzw. der Partnerin, sind damit aber auch nicht rechtlich verpflichtet, finanzielle Verantwortung für das Kind zu übernehmen. Das alleinige Sorgerecht liegt in der Regel bei den leiblichen Eltern, und auch nach einer Trennung erlischt dieses gemeinsame Sorgerecht in den meisten Fällen nicht (wer hierzu Rat sucht, dem empfehle ich einen Blick in mein Buch *Weil Kinder beide Eltern brauchen*).

Nach wie vor macht der deutsche Staat eine Unterscheidung zwischen verheirateten und nicht verheirateten Patchworkfamilien. Verheirateten Patchworkeltern gesteht er das sogenannte kleine Sorgerecht nach § 1687b BGB zu. Auf dieser Basis dürfen Stiefeltern vor allem Alltagsentscheidungen für Stiefkinder treffen.

Die einzige Möglichkeit, als Stiefelternteil in Deutschland das vollständige Sorgerecht zu bekommen, ist derzeit die Adoption. Mit der Adoption wird eine rechtliche Eltern-Kind-Beziehung etabliert, die der leiblichen Elternschaft gleichgestellt ist. Die Adoption eines Stiefkindes erfordert jedoch eine Reihe von rechtlichen Schritten und Voraussetzungen, einschließlich der Zustimmung des anderen leiblichen Elternteils. In Patchworkfamilien, in denen es getrennt lebende Elternteile gibt, ist eine Adoption also wenig realistisch. In Patchworkfamilien, in denen von Grund auf nur ein leiblicher Elternteil in der Geburtsurkunde vermerkt ist oder der andere leibliche Elternteil bereits verstorben ist, kann eine Adoption leichter realisiert werden. Allerdings ist die Adoption in Deutschland ein umfangreiches und langwieriges Verfahren und wird in der Regel nur dann genehmigt, wenn es im besten Interesse des Kindes ist.

Eine Möglichkeit, den Stiefelternteil in die Erziehung der Kinder miteinzubeziehen, ist in Deutschland die sogenannte

Stiefelternvollmacht. Mit dieser Vollmacht kann der leibliche Elternteil dem Stiefelternteil Entscheidungsbefugnisse übertragen. Allerdings nur für alle Entscheidungen, die keiner Zustimmung durch den getrennten leiblichen Elternteil bedürfen.

Neben dem Sorgerecht existiert in Deutschland das sogenannte Umgangsrecht. Das Umgangsrecht regelt das Recht eines Elternteils oder einer anderen Bezugsperson, regelmäßigen Kontakt zu einem Kind zu haben, auch wenn es nicht das Sorgerecht hat. Beispielsweise haben Großeltern grundsätzlich ein Umgangsrecht. Für Stiefeltern besteht bisher jedoch kein automatisches Umgangsrecht mit dem Kind ihres Partners oder der Partnerin. Stiefeltern haben jedoch die Möglichkeit, in Absprache mit den leiblichen Eltern und im Interesse des Kindes Umgangskontakte zu vereinbaren, gerade dann, wenn eine sehr enge Beziehung zwischen Stiefelternteil und Kind vorliegt (§ 1685 Abs. 2 BGB). Ein enger Bindungs- und Bezugspersonenstatus zwischen dem Stiefelternteil und dem Kind besteht beispielsweise gerade auch dann, wenn der Stiefelternteil das Kind über einen längeren Zeitraum betreut hat (zum Beispiel aufgrund einer Erkrankung des Partners oder der Partnerin) und zu einer wesentlichen Bezugsperson wurde. In solchen Fällen kann das Familiengericht unter Berücksichtigung des Kindeswohls und der individuellen Umstände den Umgang des Stiefelternteils mit dem Kind anordnen. Wenn Sie sich für rechtliche Grundlagen der Patchworkfamilie und dementsprechende Änderungen interessieren, kann ich Ihnen beispielsweise den »Stiefmutter-Blog« empfehlen. Hier schreiben immer wieder Jurist:innen, die auf Familienrecht spezialisiert sind.[9]

Wie verwirrend die rechtlichen Unterschiede in der Praxis sind, zeigen die folgenden Beispiele:

Wir alle kennen den Elternabend in der Kita oder Schule. Manchmal haben die leiblichen Eltern dafür keine Zeit. In diesem Fall kann der Stiefelternteil problemlos teilnehmen. Er wird quasi in Vertretung der leiblichen Eltern geschickt und braucht hierbei keine Vollmacht. Anders sieht es aus, wenn man als Erziehungsberechtigter zum Elterngespräch unter vier Augen in die Kita oder Schule geladen wird. Dann braucht man als Stiefelternteil eine unterschriebene Stiefelternvollmacht, damit man den leiblichen Elternteil vertreten kann. Zudem werden beide sorgeberechtigten Elternteile zum Gespräch eingeladen.

Unproblematisch ist das Abholen des Kindes vom Kindergarten sowie ein Ausflug des Stiefkindes mit dem Stiefelternteil. Solange der Partner oder die Partnerin als leiblicher Elternteil dem zugestimmt hat (und sowohl das gemeinsame Sorgerecht als auch keine gerichtlichen Auflagen hat), ist das kein Problem, dann kann auch der Expartner oder die Expartnerin nichts dagegen haben. So weit zu den alltäglichen Situationen. Was passiert aber in Ausnahmesituationen?

Eine solche Ausnahmesituation kann ein Unfall sein oder eine Mitteilung der Schule, dass es dem Stiefkind nicht gut geht. Grundsätzlich ist es im Notfall immer im Interesse des Kindes, schnell zu handeln und es zum Arzt zu bringen – daher darf der Stiefelternteil hier einspringen. Er oder sie kann das Kind zum Arzt des eigenen Vertrauens bringen, der auch die leiblichen Kinder des Stiefelternteils behandelt, oder man fällt die Entscheidung, das Kind in die Notaufnahme eines Krankenhauses zu fahren.

Viel dramatischer ist der Tod eines Elternteils – für alle Familien ein Szenario, das man sich eigentlich nicht vorstellen möchte. Aber gerade weil die rechtliche Stellung von Stiefeltern in Deutschland auf so dünnen Beinen steht, ist es hilfreich, zu wissen, welche rechtlichen Unterschiede es in einem solchen Fall gibt. Verstirbt der leibliche Elternteil innerhalb der Patchworkfamilie, und es lag ein gemeinsames Sorgerecht mit dem Expartner bzw. der Expartnerin vor, dann wird dieses Sorgerecht nun allein auf diese:n übertragen. Dem verbleibenden leiblichen Elternteil steht es nun also zu, zu entscheiden, ob es die Kinder ganz zu sich holt oder ob mit dem Stiefelternteil weiterhin ein regelmäßiger Kontakt vereinbart wird (§ 1680 I BGB). Gegen diese Entscheidung kann man als Stiefelternteil nur schwer vorgehen, zum Beispiel dann, wenn man nachweisen kann, dass ein dauerhafter Verbleib beim leiblichen Elternteil zu einer Gefährdung des Kindeswohls führen würde. Dies ist aber – glücklicherweise – nur in den seltensten Fällen der Fall. Insofern ist es für den Stiefelternteil sehr hart, aber auch wichtig, zu wissen, dass es für ihn dann unter Umständen nicht nur den Abschied von Partner oder Partnerin bedeutet, sondern auch von den Stiefkindern. Diese gesetzliche Regelung kann auch nicht durch abweichende Vereinbarungen in einem Testament außer Kraft gesetzt werden. Nur mit ausdrücklicher Zustimmung des verbleibenden leiblichen Elternteils kann die Kontaktqualität, wie sie vor dem Tod des anderen leiblichen Elternteils bestand, aufrechterhalten werden.

Anders ist es, wenn der leibliche Elternteil das alleinige Sorgerecht hat und im Rahmen eines Patchworkmodells verstirbt. Hier kommt § 1680 II BGB zur Anwendung, denn der Stiefelternteil kann nun beantragen, dass das Stiefkind nicht aus seinem gewohnten sozialen Umfeld herausgerissen wird, sondern ein dauerhafter Verbleib in der Stieffamilie angeordnet wird. Dies ist beispielsweise dann der Fall, wenn mit dem leiblichen Elternteil keine Partnerschaft bestand, es zu Gewalttätigkeiten in der Partnerschaft oder auch gegenüber dem Kind gekommen ist oder der leibliche Elternteil unter schweren psychischen Erkrankungen leidet, keinen festen Wohnsitz hat oder Drogen konsumiert. Wichtig ist hier auch der Hinweis, dass Stiefgeschwisterbeziehungen bestehen, die dem Kind in der schwierigen Situation einen wichtigen Halt geben, es muss also deutlich gemacht werden, dass das vertraute Umfeld einer völlig neuen Situation vorzuziehen ist.

In jedem Fall ist es wichtig, nicht auf eigene Faust zu handeln, sondern sofort einen Fachanwalt für Familienrecht hinzuzuziehen. Denn in solch sensiblen Situationen, in denen man selbst von Emotionen geleitet wird, ist es wichtig, einen kühlen Kopf zu bewahren und die Kommunikation mit dem Jugendamt bzw. dem Familiengericht stets konstruktiv zu gestalten. Zeichnet sich die sogenannte Herausgabe des Stiefkindes ab, ist es sehr wichtig, dass der Antrag auf Verbleibensanordnung in der Stieffamilie sehr schnell und formal korrekt gestellt wird. Geschieht dies nämlich nicht, so ist er mangels engen zeitlichen Zusammenhangs unwirksam.

Insgesamt muss man ehrlicherweise sagen, dass die heutige Rechtsprechung zu Stieffamilien der gesellschaftlichen Entwicklung nicht mehr standhält. Ähnlich wie bei Trennungen von Eltern trägt sie meines Erachtens auch bei Patchworkfamilien nur dazu bei, die Gräben zu vertiefen, indem sie den Unterschied zwischen leiblicher und sozialer Elternschaft viel zu stark betont. Es gibt in der deutschen Rechtsprechung keine Öffnung hin zur gemeinsamen Elternschaft, zu Mediation und Beratung, insbesondere in Notsituationen. Der Verlust eines Elternteils – sei es durch Tod oder auch durch Trennung der Eltern – ist für jedes Kind schwer zu verkraften, dementsprechend bedarf es einer modernen Rechtsprechung, die dem Kind hilft, nicht noch mehr Kontaktabbrüche erleben zu müssen.

Finanzielle Aspekte

Wie kann eine gerechte Verteilung der finanziellen Verantwortung in der Patchworkfamilie aussehen?

Der unterschiedliche Umgang mit Geld ist laut einer Elite-Partnerstudie aus dem Jahr 2017 einer der häufigeren Trennungsgründe.[10] Was in einer Paarbeziehung oder »Kernfamilie« schon schwierig ist, wird in einer Patchworkfamilie nicht gerade einfacher. Denn oftmals bestehen Unterhaltspflichten und schmälern das Budget der Patchworkfamilie. Je nachdem, ob die Patchworkfamilie zusammenlebt oder aber das Living-apart-together-Modell nutzt, braucht es stärkere oder schwächere Absprachen. Dort, wo gemeinsam Miete bezahlt werden muss, braucht es eine faire Aufteilung. Empfehlenswert ist es, diese Aufteilung am Einkommen der neuen Partner:innen zu bemessen. Ist das Einkommen annähernd gleich, kann auch die Miete hälftig geteilt werden. Ebenso ist es natürlich wichtig, darüber zu sprechen, welches monatliche Budget für die gemeinsame Haushaltsführung verfügbar ist.

Darüber hinaus muss ich ganz ehrlich sagen, dass ich kein Fan von Reglungen bin, die bis ins kleinste Detail gehen. Ich weiß, was mein Partner an Unterhaltsverpflichtungen hat, und berücksichtige dies natürlich. Gleichzeitig ist ihm bewusst, dass ich aufgrund des Wechselmodells, das ich mit meinem Ex-Mann praktiziere, keinen Unterhalt bekomme (da mein Ex-Mann und ich annährend gleich verdienen, verzichten wir einvernehmlich auf Unterhalt). Wir haben also ein Gefühl dafür, was der Partner bzw. die Partnerin monatlich zur Verfügung hat und welche Fixkosten bestehen. Was wir darüber hinaus für unsere leiblichen Kinder sparen und wie viel Taschengeld gezahlt wird, regeln wir mit unseren Expartner:innen, gerade auch weil es unterschiedliche Betreuungsmodelle gibt. Wir versuchen also keine künstliche Gleichschaltung, sondern vertreten auch vor unseren Kindern offensiv die Meinung, dass alles rund um die materielle Versorgung und Absicherung der Kinder zwischen den leiblichen Elternteilen geklärt wird. Fahren wir als Patchworkfamilie in den Urlaub, dann übernehmen beide Partner:innen die hälftigen Kosten. Gehen wir gemeinsam essen, zahlt mal mein Partner und mal ich. Geburtstagsgeschenke für die Kinder werden vom leiblichen Elternteil bezahlt, aber von uns als Paar gemeinsam geschenkt. Klamotten übernimmt jeder von uns für seine Kinder. Darüber hinaus stehen oft auch Familienfeiern an. Bei uns war bzw. ist das die Konfirmation meiner Kinder und in diesem Sommer (hoffentlich!) die Abiturfeier meines Großen. Diese Kosten teile ich mir mit meinem Ex-Mann, mein Partner beteiligt sich mit einem schönen Geschenk, aber ansonsten ist das nichts, was von ihm eine finanzielle Beteiligung erfordert – zumindest ist dies meine Meinung.

Wir haben getrennte Konten und tätigen auch getrennte Anlagen für die Rente oder unterschiedliche finanzielle Rücklagen. Uns war dies wichtig, weil wir aus unseren Scheidungen schmerzvoll gelernt haben, was unter einer »Zuverdienstgemeinschaft« zu verstehen ist.

Wir sorgen füreinander, aber wir sorgen getrennt vor, damit es – im Falle einer Trennung – nicht wieder so viele Reibungspunkte gibt.

Ansonsten gibt es in Deutschland noch immer erhebliche Defizite bei der Absicherung von Patchworkfamilien. Viele Dinge erschweren auch die Organisation. Bei getrennt lebenden Elternteilen wird das Kindergeld beispielsweise nicht hälftig aufgeteilt, sondern Kindergeld bekommt derjenige Elternteil, bei dem sich das Kind häufiger aufhält. Laut Bundesfamilienministerium (BMFSFJ) kann ein Stiefelternteil Anspruch auf das Kindergeld für ein Stiefkind, das in seinem Haushalt lebt, haben. Voraussetzung ist aber, dass eine Eheschließung mit dem leiblichen Elternteil vorliegt oder man sich in einer eingetragenen Lebenspartnerschaft befindet. Zugleich muss der kindergeldberechtigte Elternteil schriftlich auf seinen gesetzlichen Anspruch verzichtet haben. Ähnlich verhält es sich beim Erhalt von Elternzeit und Elterngeld oder auch bei Steuerfreibeträgen. Für viele Familien ist zudem die beitragsfreie, gesetzliche Familienversicherung wichtig. In der gesetzlichen Krankenversicherung sind jedoch nur leibliche Kinder beitragsfrei mitversichert, der neue Lebenspartner / die neue Lebenspartnerin und Stiefkinder können nicht mitversichert werden. In der Praxis sind das alles ziemlich große Hürden, Patchworkfamilien werden also nicht dieselben Startbedingungen wie »Kernfamilien« zugestanden. Besonders haarsträubend ist dies, wenn man auf die Verpflichtungen der Patchworkfamilien schaut. Beim Sozialleistungsbezug, besonders beim Bürgergeld oder der Sozialhilfe, macht der Staat nämlich keinerlei Trennung zwischen »Kernfamilie« und Patchworkfamilie. Bei der Bemessung der Sozialleistungen werden automatisch auch die Einkünfte des Stiefelternteils berücksichtigt und entsprechend abgezogen. Im Sinne des sogenannten Förderns und Forderns sind die Forderungen des deutschen Staates derzeit wesentlich höher als die Bereitschaft, neue Familienmodelle auch konsequent zu fördern.

Böse, böser, Stiefmutter?!

Aufräumen mit Mythen

Als Paul[11], der Stiefsohn einer Freundin, etwa fünf Jahre alt war, spielte er im Garten eines gleichaltrigen Jungen. Dieser Junge hatte mitbekommen, dass Paul nicht jeden Tag da war. Das fand er schade, weil er gern mit Paul spielte, und so fragte er mit kindlicher Neugierde nach. Paul erklärte ihm daraufhin, dass seine leibliche Mutter in einem anderen Ort wohne, sein Vater hier lebe und er mit seiner leiblichen Schwester abwechselnd hier und bei seiner Mutter wohne. Das bewegte den Nachbarsjungen sichtlich, er kannte Trennungsfamilien bisher nicht. Ein Thema gab es, das ihn besonders berührte und das bald aus ihm herausbrach. Wie es denn sei, mit einer bösen Stiefmutter zu leben, fragte er Paul mitfühlend, denn eine Stiefmutter kannte er bisher nur aus den Märchen.

Meine Freundin bekam von diesem Gespräch zunächst nichts mit, wunderte sich aber, dass sich der Nachbarsjunge, der ihr vorher immer strahlend zugewinkt und laut und fröhlich »Hallo« zugerufen hatte, plötzlich regelrecht vor ihr versteckte und sie aus seinem Versteck heraus feindselig anschaute. Nach ein paar Tagen wurde die Situation noch absurder, denn auch andere Nachbarskinder hielten sich von ihr fern und grüßten sie nicht mehr. Meiner Freundin machte das so zu schaffen, dass sie mich um Rat bat. Ich fragte also bei den Nachbarskindern nach. So kam heraus, dass sie plötzlich das Etikett »böse Stiefmutter« erhalten hatte. Wir waren beide sehr betroffen, meine Freundin tatsächlich auch wütend darüber, dass ihr Stiefsohn den anderen nicht direkt gesagt hat, dass sie keine böse Stiefmutter sei. Sie war extrem verunsichert: Hielt er sie vielleicht tatsächlich für eine solche?

Ich versuchte zu vermitteln, schließlich konnte ich mich in diese Situation auch selbst sehr gut hineinversetzen. Ich schnappte mir Paul, wir gingen zusammen auf einen nahe gelegenen Spielplatz und kamen schließlich beim gemeinsamen Schaukeln auf den Vorfall zu sprechen. Paul war sehr verlegen, gleichzeitig auch hin- und hergerissen. Keinesfalls hatte er meine Freundin, die er überhaupt nicht für eine böse Stiefmutter hielt, vor den Kopf stoßen wollen. Stattdessen hatte dieser Vorfall mit dem Nachbarsjungen für ihn einen ganz anderen Effekt: Er fand es toll, dass sich die anderen Kinder plötzlich so für ihn interessierten und ihm alle Spielsachen, ihre Gärten und Spielhäuser anboten, wo er sich »verstecken« konnte. Er, der sich im Haus meiner Freundin immer gegen seine älteren Geschwister durchsetzen musste, war das nicht gewohnt und fand es toll, einmal im Mittelpunkt zu stehen. Ich sehe ihn heute noch vor mir: Verlegen, aber gleichzeitig mit trotziger Entschlossenheit schaute er mir ins Gesicht, als er mir die Situation schilderte. Ich verstand sofort, was er meinte, machte ihm aber auch deutlich, wie entsetzlich sich meine Freundin, die Paul sehr liebte, gerade fühlte. Es vergingen ein paar Minuten, bis er mir einen Vorschlag machte. »Kann ich nicht wenigstens sagen, dass ich manchmal Sehnsucht nach meiner Mama habe, wenn ich nicht bei ihr bin und traurig bin? Die verstehen das doch, die sind immer bei ihrer Mama, und dann haben sie immer noch Mitleid mit mir und lassen mich weiter ihre Spielsachen ausleihen.« Ich musste lachen, er kämpfte wirklich mit harten Bandagen. Aber wenigstens war es jetzt keine Lüge mehr. Denn Sehnsucht hatte er tatsächlich, und ich fand es völlig legitim, dass er dafür eine Sonderbehandlung wollte. Schließlich hatte er sich die Trennung seiner Eltern nicht ausgesucht.

Tatsächlich dauerte es aber noch ganze Weile, bis sich meine Freundin vom Mythos der bösen Stiefmutter befreien konnte! Regelmäßiges Einladen der Nachbarskinder in ihr Haus oder ihren Garten half dabei sehr gut. So konnten die Nachbarskinder sehen, wie es in einer Patchworkfamilie tatsächlich ablief. Trotzdem zeigt dieses Beispiel, wie sehr das Bild der bösen Stiefmutter noch in vielen Köpfen verankert ist. Und das sind nicht nur die Köpfe von Kindern. Da wird das Bild ganz klar von den nach wie vor beliebten Märchen bedient. Aber auch viele Erwachsene hegen Vorurteile gegen Stiefeltern, egal ob Stiefmütter oder Stiefväter. Deshalb begab ich mich für dieses Buch auf Spurensuche. Woher kommt der Mythos der bösen Stiefmutter? Gibt es auch einen Mythos böser Stiefvater? Und lassen sich die gesellschaftlichen Vorbehalte gegen Stiefeltern denn durch aktuelle Studien belegen?

In vielen Märchen und literarischen Werken wird die Stiefmutter als negative Figur dargestellt. Beispiele hierfür sind Märchen wie »Schneewittchen« oder »Aschenputtel«, in denen die Stiefmutter die Rolle der bösen und eifersüchtigen Frau einnimmt, die nur daran interessiert ist, ihr eigenes Leben und das ihrer leiblichen Kinder zu sichern.

Vor allem im europäischen Märchen ist die Stiefmutter sehr oft eine zentrale Gegenspielerin der weiblichen Heldin, und tatsächlich hat sie viele Eigenschaften der zweiten negativen Märchenfigur: der Hexe. Beide werden als gefühllos, hinterhältig, auf ihren Vorteil bedacht und gewalttätig dargestellt. Der einzige Unterschied besteht darin, dass die böse Stiefmutter nicht über die magischen Fähigkeiten der Hexe verfügt und daher meist nur innerhalb der Familie großen Schaden anrichtet.

Nach heutigen Maßstäben würde man den Stiefmüttern in den grimmschen Märchen zuschreiben, ihre Stieftöchter zu Zwangsarbeit im Haushalt zu verpflichten und sie zudem seelisch und körperlich zu misshandeln, ganz zu schweigen von der sozialen Isolation, mit der sie sie bestrafen. Auffällig ist, dass es sich dabei meist um die weibliche Beziehungskonstellation zwischen Stiefmutter und Stieftochter handelt, sieht man einmal von Hänsel ab, der wie seine Schwester Opfer des unterwürfigen Vaters wird, der sich von der hartherzigen Stiefmutter überreden lässt, die Kinder im Wald auszusetzen. Und auch das fällt auf: Der Vater spielt in all diesen Märchen eine sehr untergeordnete Rolle. Entweder ist er ständig abwesend, oder er weiß sich gegen die Ungleichbehandlung seines Kindes aus erster Ehe nicht zu wehren. Interessant ist auch, dass es den bösen Stiefvater im Märchen nicht gibt.

Aber bleiben wir vorerst bei der bösen Stiefmutter. Sie ist eigentlich eine Erfindung der Romantik (so paradox das klingen mag). In den Urfassungen der grimmschen Märchen zum Beispiel waren es die leiblichen Mütter, die ihre Kinder grausam behandelten oder gar aussetzten. Dies führte zu Empörung und heftiger Kritik an diesen Märchen, da im christlich geprägten Europa des 19. Jahrhunderts die leiblichen Eltern als unantastbar galten. Dementsprechend wandelten die Autoren die Märchen ab und schufen die Rolle der bösen Stiefmutter, die an die Stelle der verstorbenen leiblichen Mutter trat. Seuchen wie Cholera,

Typhus, Pocken, Tuberkulose oder gar die Pest trugen ebenso zur Massensterblichkeit bei wie der oft schlechte Ernährungszustand der armen Bevölkerung und die Tatsache, dass Frauen bei schwierigen Schwangerschaften oder Geburten häufig starben. Die ursprüngliche Intention der grimmschen Märchen war nicht die Unterhaltung der Kinder, sondern die Moral- und Sittenlehre der damaligen Zeit. Über Jahrhunderte waren Gehorsam und Folgsamkeit gegenüber den Eltern zentrale Tugenden der Kinder. Dennoch sind die Märchen auch Zeitdokumente eines sich wandelnden Erziehungsbildes des 19. Jahrhunderts, das emotionale Eltern-Kind-Bindungen und liebevolle familiäre Beziehungen deutlicher in den Vordergrund rückt. Auch dies mag das Ausweichen auf eine Negativfigur wie die böse Stiefmutter erklären.

Natürlich muss man auch kritisch hinterfragen, ob an der Geschichte von der bösen Stiefmutter nicht doch etwas Wahres dran ist. Dieser Frage ging bereits in den 1980er-Jahren das Forscherehepaar Martin Daly und Margo Wilson von der McMaster University im kanadischen Hamilton nach.[12] Anhand nordamerikanischer Kriminalstatistiken untersuchten sie, ob Kinder in Familien mit Stiefmutter oder Stiefvater ein höheres Sterberisiko haben als in Familien mit nur leiblichen Eltern. Tatsächlich kamen die beiden Forscher aufgrund ihrer detaillierten Verlaufsanalysen zu dem Ergebnis, dass das Sterberisiko von Kindern in Stiefelternfamilien im Vergleich zu Kindern, die nur bei einem Elternteil oder bei beiden leiblichen Eltern lebten, deutlich erhöht war. Vor allem Säuglinge und Kleinkinder waren einem deutlich höheren Risiko ausgesetzt, aber auch bei Jugendlichen war der Unterschied noch signifikant. Auf der Suche nach Vergleichsdaten fanden die Forscher auch in den Statistiken von Ländern wie Finnland, Japan oder England empirische Belege dafür, dass das Leben in einer Stieffamilie für Kinder ein deutlich höheres Todesrisiko birgt als in anderen Familienformen. Allerdings war und ist diese Studie umstritten, da die Täter:innen nicht nach eventuellen Vorstrafen, psychischen Auffälligkeiten oder anderen negativen Parametern klassifiziert wurden, sondern lediglich der Indikator Stiefelternteil einbezogen wurde. Da es auch in anderen Ländern immer wieder zu Auffälligkeiten gekommen ist, muss allerdings geklärt werden, welche Gründe eine Rolle spielen könnten. Evolutionsbiologisch wurde der »Cinderella-Effekt« lange Zeit damit erklärt, dass die Bindung zu den leiblichen Nachkommen größer ist, weil ein Interesse am eigenen Fortpflanzungserfolg besteht, sodass in deren »Aufzucht« mehr investiert wird als in die der Stiefkinder. Das Erkennen von Gemeinsamkeiten und das Wiederentdecken der Vererbung eigener positiver Eigenschaften auf die Kinder verstärkt hier noch die Bevorzugung der eigenen Kinder.

Aus heutiger wissenschaftlicher Sicht sind diese Ansichten jedoch nur sehr bedingt haltbar. Sie erklären nicht, warum gerade auch leibliche Eltern ihren Kindern Grausamkeiten antun, warum leibliche Mütter ihre Kinder in vielfältiger Weise quälen oder warum leibliche Väter sich an ihren Kindern vergehen. Tatsächlich weisen die Erkenntnisse der modernen Psychologie und Psychiatrie in eine andere Richtung. Aber das wiederzugeben, würde hier den Rahmen sprengen. Für uns bleibt als Quintessenz festzuhalten: Die böse Stiefmutter aus dem Märchen ist sicher nicht völlig frei erfunden, ein großes Körnchen Wahrheit steckt darin, was vor allem für frühere Jahrhunderte gilt. Verallgemeinert werden kann es keinesfalls.

Doch was sagen aktuelle Studien? Einen wichtigen Beitrag zum Thema leistet die Wissenschaft am Max-Planck-Institut für demografische Forschung in Rostock. Bereits 2013 konnte ein dortiges Forscherteam durch die Analyse von Familiendaten im Jahrhundertvergleich nachweisen, dass mit steigendem Wohlstand einer Gesellschaft und dem damit einhergehenden steigenden Bildungsniveau der Eltern der »fremde« Nachwuchs genauso gut dasteht wie der biologische.[13] Damit gewinnt die soziale Komponente der Elternschaft in modernen und postmodernen Industriegesellschaften gegenüber der früheren biologischen Erklärung zunehmend an Bedeutung. Der Cinderella-Effekt ist also kein natürlicher Reflex von Stiefeltern auf ihre Stiefkinder, sondern ein sozioökonomisches Problem von Gesellschaften mit hohen Armutsraten. Die frühere, sehr defizit- und problemorientierte Forschung zu Stieffamilien hat vielleicht dazu beigetragen, Politik und Wissenschaft für bestimmte Themen zu sensibilisieren, sie hat aber meines Erachtens auch stark zur Stigmatisierung von Stieffamilien beigetragen. Seit Beginn der 2000er-Jahre hat sich gerade auch in der deutschen Forschung eine ressourcenorientierte Sichtweise auf Stieffamilien durchgesetzt.

Denn es ist wichtig, zu fragen, welche Ressourcen und Chancen neue Familienformen für das Leben der Kinder, aber auch für das lebenslange Lernen der Erwachsenen bieten. Welche sozialen Netzwerke entstehen durch Patchworkfamilien, wie erweitern sich Familienkreise, welches neue Verständnis von Familie entsteht bei diesen Kindern? Dies sind nur einige Fragen, die deutlich machen sollen, dass nicht immer der Verlust im Vordergrund stehen sollte. Zweifellos prägen Scheidung und Trennung der Eltern ein Kind entscheidend. Aus heutiger Sicht bringt die Patchworkfamilie jedoch wichtige Elemente sozialer Interaktionen mit sich: Neue Lebenspartner:innen der Eltern, ein neuer Verwandtenkreis und vielleicht sogar Geschwister – für viele Kinder sind dies wichtige Bezugspersonen, die sie in ihrem späteren Leben nicht mehr missen möchten. Dies korrespondiert auch stark mit dem »Doing-Family-Ansatz«, der Familie konsequent als soziale Herstellungsleistung denkt und die biologische Komponente völlig ausblendet. Karin Jurczyk, Andreas Lange und Barbara Thiessen, drei von mir sehr geschätzte Kolleg:innen, haben mit diesem sozialkonstruktivistischen Ansatz einen Leitfaden für alle Familienmodelle geschaffen.[14] Denn unabhängig von der Familienkonstellation kann Familie nur funktionieren, wenn alltägliche Aushandlungsprozesse zwischen den Familienmitgliedern stattfinden. Damit sind alle Familienmodelle gleichberechtigt, denn sie stehen vor den gleichen Herausforderungen. Allenfalls die Gewichtung der Herausforderungen unterscheidet sich. Während Alleinerziehende keine Partnerschaftskonflikte austragen müssen, tragen sie die alleinige Last der Vereinbarkeit von Sorge- und Erwerbsarbeit. Klassische Familien müssen, ebenso wie Patchworkfamilien, die Erwartungen der beiden Partner:innen ständig neu abgleichen. In Patchworkfamilien wird diese Ebene noch um die Notwendigkeit erweitert, auch die Erwartungen der getrennt lebenden leiblichen Eltern einzubeziehen. Dennoch verfolgen alle Familienmodelle ein gemeinsames Ziel: ihren Kindern ein möglichst unbeschwertes Aufwachsen zu ermöglichen! Diese Perspektive möchte ich in den Mittelpunkt stellen.

» Patchworkfamilien sind kein exotisches Sondermodell! Es ist vielmehr ein Modell in der immer bunter werdenden Familienlandschaft unserer Gesellschaft. «

Als solches müssen Patchworkfamilien, wie andere Familienformen auch, unter dem Schutz des Grundgesetzes stehen. Denn nach Artikel 6 des Grundgesetzes stehen Ehe und Familie unter dem besonderen Schutz des Staates. Daraus folgt, dass der Staat sich endlich auf den Weg machen muss, alle Familienformen entsprechend abzusichern.

Der Unterschied, ob man selbst Kinder in die Beziehung mitbringt oder nicht

Nach allem, was ich im vorigen Kapitel beschrieben habe, würde ich ohne Zögern sagen: Ja, es macht einen großen Unterschied, ob man selbst Kinder in die Patchworkfamilie mitbringt oder nicht. Vor einigen Tagen sah ich auf »Frau tv« einen Beitrag mit dem Titel »Stiefmutter: Zwischen Liebe und Eifersucht«.[15] Die Stiefmutter Elsa – im Übrigen Elsa Koester, die ein sehr mitreißendes Buch zur Stiefmutterschaft geschrieben hat[16] – beschreibt in diesem sehr differenzierten und gut gemachten Kurzbeitrag ihre zwiespältigen Gefühle, als kinderlose Frau eine Beziehung mit einem Mann eingegangen zu sein, der bereits zwei Kinder hatte. Ihr Wunsch, die erste Verliebtheit auskosten zu können, wich schnell der Realität: wenig Flexibilität des Partners in Bezug auf die gemeinsam verfügbare Zeit, klare Prioritätensetzung bei den Kindern und ein hoher Organisationsaufwand, um den Alltag tatsächlich gemeinsam meistern zu können. Elsa Koester bringt in ihrem Beitrag ihre Gefühle sehr deutlich zum Ausdruck und ist doch kein Einzelfall. Ihre Beschreibungen stehen vielmehr stellvertretend für viele Partner:innen, die sich ohne eigene Kinder in eine Patchwork- oder Stieffamilie wagen. Die Eifersucht auf die innige Beziehung zwischen dem Partner und seinen Kindern beispielsweise. Mangelndes Verständnis für die Andersartigkeit der Eltern-Kind-Beziehung im Vergleich zur Paarbeziehung. Wut und Enttäuschung über die Prioritätensetzung des Partners, der aus ihrer Sicht mehr auf die Wünsche und Erwartungen der Expartnerin eingeht als auf die eigenen. Und schließlich das Gefühl, ständig mit den Kindern um die Aufmerksamkeit des Partners konkurrieren zu müssen.

Bei all dem ist Elsa Koester aus meiner Sicht kein Extrembeispiel. Ihre Gefühle sind natürlich und keineswegs außergewöhnlich. Die ungleiche Beziehungskonstellation ist durchaus anfällig für Probleme, und nicht zuletzt scheitern Patchworkfamilien, bei denen ein Partner oder eine Partnerin keine Kinder mitbringt, häufiger. Betrachtet man diese Konstellation genauer, so steht auf der einen Seite – wieder am Beispiel von Elsa – eine verliebte Frau, die endlich den Mann ihrer Träume gefunden hat. Vor ihr liegt die Phase der Partnerschafts- und Familienplanung. Auf der anderen Seite steht ein Mann, der nicht nur eine gescheiterte Partnerschaft verarbeiten muss, sondern auch als Vater zweier Kinder Verantwortung übernehmen möchte. Seine Lebensplanung ist weit weniger individuell gestaltbar als die von Elsa.

In ihrem wunderbaren Buch *Das ganz normale Chaos der Liebe*[17], das bereits 1990 erschien, beschreiben meine ehemalige Soziologieprofessorin Elisabeth Beck-Gernsheim und ihr Mann, der bekannte Soziologe Ulrich Beck, die komplexen Handlungszwänge, denen Liebesbeziehungen heute unterliegen. Heute geht es weniger darum, den Vorstellungen der Familie zu entsprechen, sondern vielmehr darum, sich in der Partnerschaft individuell wahrgenommen zu fühlen und persönliche Vorstellungen und Pläne zu verwirklichen. Das ist schon für Menschen, die sich ohne Kinder kennen und lieben lernen, eine Herausforderung. Gerade aber für eine Patchworkkonstellation, in der ein Partner oder eine Partnerin eigentlich frei und ungebunden die eigene Zukunft gestalten möchte, ist dies eine kaum zu überwindende Hürde. Elsa Koester macht dies in ihrem Beitrag sehr deutlich: Sie erzählt, dass sie plötzlich realisieren musste, dass ihre Urlaubsplanung drei Jahre im Voraus festgelegt und fremdbestimmt war, da ein gemeinsamer Urlaub mit dem Partner immer nach den Betreuungszeiten, der Urlaubsplanung der Expartnerin, den Schulferien und den Hobbys der Kinder geplant werden musste. Und sie berichtet von dieser großen Wut, die sich immer mehr in ihr ausgebreitet hat. Eine Wut auf die Fremdbestimmung und den Verlust ihrer individuellen Freiheit.

Letztlich ist Elsa Koester auch heute noch Stiefmutter, aber ihre Patchworkfamilie hält nur zusammen, weil sie gelernt hat, über ihre Enttäuschungen, ihre Wut und ihr Recht auf eine individuelle Lebensplanung zu sprechen. Tatsächlich ist es für den Partner oder die Partnerin oft ernüchternd, mit diesen negativen Gefühlen konfrontiert zu werden. Eigentlich ist dies auch nicht verwunderlich: Denn der Partner oder die Partnerin empfindet den Organisationsaufwand, die Notwendigkeit der Absprache mit dem anderen Elternteil oder auch die Priorisierung der Kinderwünsche als normal bzw. zur eigenen Rolle gehörig. Gleichzeitig darf diese Rollenerwartung keinesfalls übertragen werden. Vielmehr müssen beide Partner:innen einen Weg finden, die besondere Situation ihrer Patchworkfamilie immer wieder im Blick zu behalten und sich gegenseitig Freiräume zu eröffnen.

Aus meiner Sicht braucht es bei dieser Art von Patchwork-Konstellation deutlich mehr Freiräume als bei Modellen, in denen beide Partner:innen Kinder mitbringen.

Die Tatsache, dass der Partner Kinder hat, bindet ihn – aber jemand wie Elsa ist daran nicht gebunden. Es steht ihr frei zu entscheiden, wie viel Zeitressourcen sie in diese Patchworkfamilie investiert und welches Maß an Autonomie und individueller Lebensplanung sie wichtig findet. Sie kann sagen, ein Urlaub als Patchworkfamilie ist gut, dazu braucht es aber zwei weitere Urlaube im Jahr allein, um Abstand zu gewinnen.

Gleichzeitig ist es wichtig, die eigenen Freiheiten zu erkennen: Elsa Koester hat keine leiblichen Kinder, musste sich also nie mit Muttergefühlen oder der Mutterrolle auseinandersetzen. Das ist meiner Meinung nach durchaus ein Vorteil. Sie kann relativ unabhängig über die Rolle der Stiefmutter für sich nachdenken und überlegen, welche Art von Beziehung sie zu ihren Stiefkindern aufbauen bzw. pflegen möchte. Sie ist nicht in dem Gefühlschaos »leibliche Mutter versus Stiefmutter« gefangen, sondern kann ihre Rolle unbeschwerter gestalten. Keine eigenen Kinder in die Patchworkfamilie einzubringen, hat also nicht nur Nachteile. Sicherlich ist es wichtig, mit dem Gefühl, keine »vollwertige« oder »richtige« Mutter zu sein, umgehen zu lernen und sich gleichzeitig zu fragen, ob es ein eigenes Gefühl ist oder ob es sich unter dem Druck gesellschaftlicher Erwartungen langsam eingeschlichen hat. In beiden Fällen ist es jedoch unumgänglich, sich mit der Rolle der Stiefmutter auseinanderzusetzen und selbst zu entscheiden, wie man sie gestalten und auch von der Rolle der leiblichen Mutter abgrenzen möchte.

TEIL 2

HILFE, WIR WERDEN PATCHWORK-FAMILIE!

Erste Schritte im neuen Familienmodell

Wie sag ich's meinen Kindern?

Tipps für eine kindgerechte Kommunikation

Die Entscheidung, als Patchworkfamilie zusammenzuleben, ist ein großer Schritt, der nicht überstürzt werden sollte. Nehmen Sie sich als Paar zunächst Zeit, darüber nachzudenken, was diese neue Familiengründung für Sie persönlich bedeutet. Sonst wird aus dem gemeinsamen Traum schnell Ernüchterung. Wenn Sie sich als Paar einig sind, ist es wichtig, den richtigen Zeitpunkt zu finden, um Ihren Kindern von dieser Entscheidung zu erzählen und ihnen zu helfen, die Veränderungen zu verstehen und zu akzeptieren. In diesem Kapitel erfahren Sie, wie Sie diese wichtige Botschaft liebevoll und einfühlsam vermitteln können.

Wählen Sie den richtigen Zeitpunkt

Manche Paare meinen, dass die Entscheidung auf jeden Fall allen gemeinsam mitgeteilt werden muss. Das sehe ich persönlich kritisch. Aus meiner Sicht ist es zunächst besser, die eigenen Kinder darauf vorzubereiten, weil man sie und ihre Reaktionsweisen kennt. Gleichzeitig haben die Kinder in der vertrauten

Umgebung dann auch einen Schutzraum, in den sie sich zurückziehen können, um die Nachricht zu verarbeiten oder auch ihrer Empörung Luft zu machen, ohne sich dabei beobachtet zu fühlen. Nehmen Sie sich Zeit, die Situation gemeinsam mit Ihren Kindern zu reflektieren – sofern sie im entsprechenden Alter sind; spätestens ab dem Grundschulalter wollen Kinder aber unbedingt in Entscheidungsprozesse einbezogen werden.

Wählen Sie einen Zeitpunkt, an dem Sie alle entspannt und offen für Gespräche sind. Sprechen Sie mit Ihren Kindern in einer ehrlichen und altersgemäßen Sprache. Erklären Sie ihnen, dass Sie und Ihr Partner oder Ihre Partnerin beschlossen haben, zusammenzuleben und eine gemeinsame Wohnung zu beziehen. Betonen Sie, dass diese Entscheidung auf Liebe, Respekt und dem Wunsch, eine gemeinsame Familie zu werden, beruht. Es ist sehr schwierig, im Voraus einzuschätzen, wie die eigenen Kinder auf eine solche Nachricht reagieren. Manche Kinder sind sofort aufgeregt und wittern ein großes Abenteuer. Andere sind verwirrt, ängstlich oder sogar frustriert. Lassen Sie ihnen Raum für ihre Gefühle und zeigen Sie Verständnis. Seien Sie geduldig und beantworten Sie ihre Fragen ehrlich.

Erklären Sie die neue Familienstruktur

Für Kinder jeden Alters ist es wichtig, zu wissen, welche Rolle sie und alle anderen in der neuen Familienstruktur spielen werden. Sprechen Sie mit ihnen darüber, dass sie nun Stiefgeschwister haben werden, die vielleicht nicht ständig mit ihnen zusammenleben und nicht immer zur gleichen Zeit da sein werden. Geben Sie offen zu, dass sich diese Situation erst allmählich entwickeln muss und dass Sie sicher nicht von Anfang an für alles eine Lösung haben. Sichern Sie den Kindern nach Möglichkeit eigene Rückzugsräume zu. Entweder eigene Zimmer oder, wenn das nicht möglich ist, klare und erkennbare Raumaufteilungen. Am besten ist es auch, gemeinsam mit den Kindern zu überlegen, wie die Zimmer- oder Raumaufteilung aussehen könnte, welche alten Möbel oder Spielsachen mitgenommen werden (das ist für Kinder sehr wichtig, weil es Halt gibt) und was neu angeschafft werden kann. Gerade die Aussicht auf eine Neugestaltung des Zimmers hebt bei vielen Kindern die Stimmung.

Für manche Kinder ist es auch wichtig, dass sich – im Falle einer Trennung der Eltern – der Kontakt zum anderen leiblichen Elternteil durch das neue Familienmodell nicht verändert. Im Gegenteil, manche Kinder und vor allem Jugendliche möchten in dieser Übergangsphase zur Patchworkfamilie deutlich mehr Zeit mit dem Elternteil verbringen, bei dem sich nichts ändert. Akzeptieren sie diese Entscheidung, sollte auch mit dem anderen leiblichen Elternteil möglichst offen darüber gesprochen werden. Nur wenn die Kinder langsam in das neue Familienmodell hineinwachsen können, werden sie auch bereit sein, es anzunehmen.

Ein großes Thema ist natürlich die Rolle des Stiefelternteils. Eine der ersten Fragen meines Sohnes (er war neun Jahre alt, als die Patchworkfamilie gegründet wurde) war: »Muss ich dann den M. genauso lieben wie den Papa?« Das hat ihn wirklich sehr beunruhigt. In einem ausführlichen Mutter-Sohn-Gespräch habe ich ihm erklärt, dass er das auf keinen Fall tun muss, dass sogar das Wort »Liebe« für mich viel zu weit geht. Ich habe ihm gesagt, dass ich es schön fände, wenn er M. eines Tages richtig mögen würde, aber dass er auf keinen Fall die gleichen Gefühle wie für seinen Papa haben müsse. Papa ist Papa, und das war's. Diese Botschaft war wichtig und hat uns beiden sehr geholfen, denn so konnte mein Sohn seine eigene Beziehung zu meinem Lebensgefährten aufbauen. Heute haben die beiden ein sehr enges Verhältnis und können sich ein Leben ohneeinander nicht mehr vorstellen.

Gemeinsam die Wohnung planen

Egal, ob es sich um eine neue Wohnung handelt oder ob ein Teil der Familie in eine bestehende Wohnung einzieht: Mut zur Veränderung ist gefragt. Gemeinsam muss ein neues Nest geschaffen werden, in dem sich alle wohlfühlen. Schon kleine Kinder können an Entscheidungen beteiligt werden, zum Beispiel welche Farbe das Zimmer haben soll, wo das Bett stehen soll oder wo das Lieblingsspielzeug seinen Platz finden soll. Lassen Sie die Kinder ihre Ideen und Meinungen äußern und berücksichtigen Sie diese angemessen. Das gibt ihnen das Gefühl, die neue Situation mitzugestalten und zu kontrollieren.

Der Umzug in eine neue Wohnung ist oft einfacher als der Umzug in eine bestehende Wohnung. Gerade ältere Kinder reagieren sehr sensibel auf Umbaumaßnahmen oder das Ausräumen alter Möbel. Für sie wird dadurch der Bruch mit der Vergangenheit und dem bisherigen Leben noch einmal besonders deutlich. Das heißt aber nicht, dass alles so bleiben muss, wie es ist. Denn das wäre eine viel zu große Belastung für das neue Familienleben. Niemand will in ausgetretenen Schuhen leben! Es muss nur behutsam geschehen und ohne Abwertung der bisherigen Einrichtung oder des Einrichtungsstils. Machen Sie den Kindern an Beispielen deutlich, dass jeder einen anderen Geschmack hat. Das kann man den Kindern auch ganz einfach an der Veränderung ihres eigenen Kinderzimmers erklären. Mit dem Übergang in die Grundschule muss das Kleinkindspielzeug weg, ein anderes Bett muss her, weil man kein »Babybett« mehr will, Aufkleber oder Tapeten dürfen jetzt keine Bagger oder Prinzessinnen zeigen – alles zu uncool. Mit dem Übergang in die Pubertät braucht es wieder eine andere Gestaltung mit chilliger Sofaecke, die von den Kids selbst eingerichtet werden kann. Alles einfache Beispiele, die den Kindern zeigen, dass auch diese Umgestaltung der Wohnung ein normaler Prozess ist, weil sich alles und jeder im Leben verändert. Eine andere Idee hatte eine Freundin von mir, deren Lebensgefährte mit seinen beiden Kindern zu ihr und ihren Kindern zog. Bevor sie die Wohnung umgestaltete, schickte sie ihre Kinder mit Einwegkameras durch die Wohnung, um alles zu fotografieren, was ihnen wichtig war. Die Fotos wurden entwickelt und ein eigenes Album »Unsere alte Wohnung« erstellt. So mussten die Kinder keine Angst haben, die Erinnerung an ihr altes Leben zu verlieren.

Wie sag ich's den Großeltern (und anderen Familienmitgliedern)?

Gerade in Trennungsphasen, aber auch beim Tod eines Elternteils oder generell bei Alleinerziehenden sind Großeltern für viele Familien eine wichtige Stütze. Sie bieten gerade den Enkelkindern in diesen Zeiten des Wandels und der Unsicherheit Kontinuität und Stabilität, weil sie eine verlässliche Konstante in ihrem Leben sind, die Zuflucht bietet. Aber auch für die Eltern sind die Großeltern oft unverzichtbar, weil sie bei der Bewältigung des neuen Alltags helfen und oft einen erheblichen Teil der Betreuungsarbeit übernehmen. Gerade deshalb kann es eine Herausforderung sein, den Großeltern mitzuteilen, dass man eine Patchworkfamilie gründen möchte. Während man selbst eine schöne Zukunft vor Augen hat, reagieren die Großeltern oft zurückhaltend oder sogar negativ auf diese Nachricht. In diesem Kapitel untersuchen wir, warum Großeltern skeptisch sein können und wie man ihnen die Vorteile einer Patchworkfamilie vermitteln kann.

Nicht selten bestehen zwischen der Großeltern- und der Elterngeneration sehr unterschiedliche Familienbilder und -traditionen. Während für uns als Eltern Trennung und Scheidung zur Normalität gehören (immerhin wird jede dritte Ehe in Deutschland geschieden) und auch unsere Kinder heute von unterschiedlichsten Familienkonstellationen umgeben sind, ist dies für die Großelterngeneration eher ungewohnt. Hier werden die Begriffe Scheidung/Trennung oder Trennungskinder immer noch als stigmatisierend empfunden, manchmal gerade weil man selbst erlebt hat, was es in früheren Jahrzehnten hieß, als alleinerziehende Mutter mit Trennungskindern zu leben. Häufig wünschen sich Großeltern aber auch ganz einfach, dass es ihren Kindern und Enkelkindern gut geht und sie einen leichten Lebensweg haben. Die Trennung wird hier bereits als tiefer Einschnitt empfunden und die Vorstellung, dass nun mit der Patchworkfamilie die nächste Herausforderung bevorsteht, ist oft überfordernd.

Dementsprechend ist es wichtig, Verständnis für die Bedenken der Großeltern zu zeigen. Versuchen Sie, sich in deren Perspektive hineinzuversetzen, auch wenn es nicht immer einfach ist. Gleichzeitig ist es wichtig, dass Sie als zukünftige Patchworkfamilie Grenzen setzen, wenn die Großeltern zu sehr intervenieren. Machen Sie ihnen deutlich, dass Ihnen die Perspektive wichtig ist, dass insgesamt alles wichtig ist, was das Wohl der Kinder in den Blick nimmt. Machen Sie ihnen aber auch klar, dass sie den Weg der Patchworkfamilie gehen werden. Je klarer Sie kommunizieren, dass Sie sich bereits mit vielen Herausforderungen auseinandergesetzt haben, desto eher werden die Großeltern verstehen, dass es sich nicht um eine Schnellschussentscheidung handelt, und desto beruhigter werden sie sein.

Ich selbst habe Eltern, die immer schon sehr viel Zeit mit ihren Enkelkindern verbracht haben, gerade meinen Sohn haben sie in den ersten Lebensjahren sehr viel betreut. In der ersten Trennungsphase waren meine Eltern für meine Kinder eine unverzichtbare Stütze und haben ihnen die Heiterkeit und Ausgelassenheit geboten, die ich nicht aufbringen konnte. Gerade deshalb waren sie auch sehr skeptisch, als ich ihnen mitteilte, dass wir nun eine Patchworkfamilie werden. Obwohl sie meinen Lebensgefährten und seine beiden Kinder sehr mögen, schrillten bei ihnen die Alarmglocken: Ihre beruflich so engagierte Tochter sollte sich nun nicht nur um zwei, sondern um vier Kinder kümmern? Wie würde es gelingen, die großen Altersunterschiede der Kinder und die damit verbundenen sehr unterschiedlichen Bedürfnisse unter einen Hut zu bringen? Würden sich die geliebten Enkelkinder durch die neuen Geschwister nicht an den Rand gedrängt fühlen? Und wie würden die Expartner:innen darauf reagieren, dass wir nun ein neues Familienglück haben? Könnten nicht Neid, Eifersucht und daraus resultierende Konflikte den neuen Familienversuch belasten?

Rückblickend muss ich zugeben, dass dies alles berechtigte Fragen waren, die uns zum Teil über Jahre begleitet haben. Meine Strategie war immer, meinen Eltern zu erzählen, welche Ideen ich hatte, um das Modell Patchworkfamilie gut zu meistern. Ich habe ihnen erzählt, wie wir auf die einzelnen Kinder und ihr Wohlergehen achten, und ich habe sie natürlich öfter in unsere neue Wohnung eingeladen. Aber letztlich waren es die Kinder selbst, die meine Eltern überzeugt haben. Sie konnten mit eigenen Augen sehen, wie sich die beiden Mädchen von Anfang an annäherten, wie sie zusammen in einem Bett schliefen und immer unzertrennlicher wurden. Sie konnten beobachten, wie sehr sich mein großer Sohn über seinen kleinen Stiefbruder freute und mit welcher Bewunderung dieser wiederum seinen neuen großen Bruder hofierte. Gleichzeitig habe ich vor meinen Eltern nie Theater gespielt, sondern mit ihnen auch viele Probleme besprochen, die sich im Laufe unseres Patchworkfamilienlebens ergaben.

Natürlich hörte ich immer wieder den Klassiker ›Wir haben dich gewarnt‹, aber zum Glück auch viele hilfreiche Ratschläge.

Eine große Beruhigung für meine Eltern war auch, dass wir niemals erwartet haben, dass sie nun auch die Großeltern meiner Stiefkinder sein sollten. Zum einen haben die beiden selbst sehr liebevolle Großeltern, zum anderen kann gar keine gleiche Bindung aufgebaut werden, weil sie sich hierfür zu selten sehen. Indem wir hier den Druck herausgenommen haben, konnten meine Eltern frei entscheiden, welche Nähe sie zu meinen Stiefkindern zulassen konnten. Kleine Aufmerksamkeiten, Geburtstags-, Weihnachts- oder Ostergeschenke waren bald ebenso selbstverständlich wie ihre Anteilnahme an der Entwicklung meiner Stiefkinder.

Gemeinsam oder doch getrennt?

Das beste Wohnarrangement finden

Haben Sie schon vom LAT-Modell gehört? Gerade für Patchworkfamilien kann dieses Modell interessant sein. Hinter der Abkürzung LAT verbirgt sich der englische Begriff »living-apart-together«. Man lebt zwar in einer festen Beziehung, aber nicht in einer gemeinsamen Wohnung. Gerade weil das Zusammenwachsen in der Patchworkfamilie einige Zeit braucht, kann das LAT-Modell eine gute Ausgangsposition bieten, besonders wenn beide Partner:innen Kinder mit in die Beziehung bringen. Während die Kinder der einen laute Musik, Unordnung und eine Wohnung mitten in der Stadt lieben, schlägt das Herz der anderen für ein Leben auf dem Land mit Haustieren in einem Häuschen mit Garten. Hier einen Kompromiss zu finden, ist oft nicht einfach. Die Kinder, die die neue Beziehung der Eltern ohnehin misstrauisch beäugen, fühlen sich gezwungen, ihren geliebten Lebensraum aufzugeben. Oft keine gute Ausgangsposition. So ist es nicht verwunderlich, dass immer mehr Patchworkfamilien nicht gleich oder gar nicht zusammenziehen, sondern ihre vertrauten Wohnräume beibehalten. Die Familie lebt mal hier, mal dort, die Gewohnheiten der anderen werden abwechselnd akzeptiert und respektiert. So kann das Zusammenleben die Freiheit der neuen Patchworkfamilie anders würdigen, weil niemand das Gefühl haben muss, für die neue Familie zu große Kompromisse eingehen oder den »Heimvorteil« aufgeben zu müssen. Dies kann durchaus auch konfliktmindernd wirken, nicht nur zwischen den Stiefgeschwistern, sondern auch zwischen den Eltern. Das Gefühl, es allen recht machen oder ständig Verantwortung übernehmen zu müssen, kann im LAT-Modell deutlich reduziert werden. Auf der anderen Seite wünschen sich vor allem die Eltern nach einiger Zeit eine größere Verbindlichkeit und ein gemeinsames Alltagserleben. Auch die finanzielle Belastung spielt für viele Patchworkfamilien eine Rolle, wenn sie das LAT-Modell nicht weiterverfolgen. Für den Anfang halte ich das Modell aber durchaus für überlegenswert.

Wenn ich mich selbst zurückerinnere, war das Prinzip »living-apart-together« für unsere Patchworkfamilie gerade in der Anfangszeit kein schlechter Ausgangspunkt, gerade weil die Kinder sehr unterschiedlich erzogen wurden, also auf unterschiedliche Dinge Wert gelegt wurde. Mir war es beispielsweise sehr wichtig, dass meine Kinder gern zu Bett gingen, als sie klein waren, und keinerlei Angst vor dem Einschlafen empfanden. Die Ansage »Jetzt ist Schlafenszeit« sollte keinerlei Stress verursachen. Von klein auf spielten wir in ihren Bettchen, bauten Bettenburgen, lasen grundsätzlich Bücher im Bett, und konsequent wurde auch das Mittagsschläfchen (soweit möglich) im Bett gehalten. Bei uns gab es ein festes Ritual, die Kinder wussten also in jeder Minute, wie das Zubettgehen ablief, und freuten sich darauf. Bei meinen Stiefkindern war das anders. Mein kleiner Stiefsohn hatte keinen Stammplatz fürs Mittagsschläfchen, beide Stiefkinder lagen nicht gern in ihren Bettchen, meine Stieftochter hatte ganz erhebliche Einschlafprobleme und weinte nahezu jeden Abend. Mein Lebensgefährte musste sich stundenlang zu ihr legen. In der ersten Zeit empfanden wir es jedoch als zu herausfordernd für die Kinder, sich umzugewöhnen, und letztlich störte mich es auch wenig, weil ich es nicht jeden Tag miterleben musste.

Mit dem Bau unseres Patchworkfamiliennestes begannen wir dann aber, gemeinsame Schlafroutinen zu erarbeiten. Ein erster Schritt war beispielsweise, dass meine Stieftochter einfach mit im großen Bett meiner Tochter schlief (beide sind etwa gleich alt) und sehr fasziniert von der Vorfreude meiner Tochter auf das Schlafritual war. Und selbst wenn es bei meiner Stieftochter Tränen gab, konnte meine Tochter diese schnell trocknen, da sie ja bei ihr war. Alle Kinder durften sich für das neue Patchworknest ihr Lieblingsbett aussuchen. Das Bett des Kleinsten war der absolute Knaller: ein richtiges Rennautobett, niedrig genug, damit er selbstständig rausklettern und problemlos zu uns ins Schlafzimmer laufen konnte, wenn er sich unwohl fühlte. Da aber auch er ein eigenes Schlafritual bekam (bei dem mein großer Sohn eine wesentliche Rolle spielte, weil gemeinsam im Bett geräubert und gebalgt wurde), war schon bald gerade für meine Stiefkinder der Umzug ins Patchworknest mit wunderschönen Einschlaf- und Durchschlaferfahrungen verbunden. Noch heute sagt meine Stieftochter ab und an: »Wisst ihr noch, als ich früher in der alten Wohnung so gar nicht schlafen wollte und immer geweint habe …?« Das zeigt deutlich, wie wichtig es ist, das gemeinsame Nest mit schönen Ritualen auszugestalten und den Kindern damit auch einen guten Neuanfang zu ermöglichen. Heute jedenfalls verbringt sie – ebenso wie ihre beiden mitpubertierenden Geschwister – einen Großteil des Tages im Bett …

Die Flicken werden zusammengesetzt

Die Phasen des Patchworkfamilienlebens

Gerade wenn man sich mit dem Gedanken trägt, eine Patchworkfamilie zu gründen, aber vielleicht auch, wenn man sich aktuell in einer Sackgasse des Patchworkfamilienlebens wähnt, kann es hilfreich sein, sich vor Augen zu führen, dass es verschiedene Phasen zu bewältigen gibt, die durch ganz eigene Herausforderungen gekennzeichnet sind. Aus meiner Sicht lassen sich drei große Phasen unterscheiden: die Findungsphase, die Orientierungsphase und die Verstetigungsphase.

Die Findungsphase

»Wie nenne ich dich jetzt am besten?«

Die Findungsphase ist gekennzeichnet durch ein Aufeinanderprallen extrem unterschiedlicher Gefühle. Da sind die Verliebtheit und das Glück, endlich wieder einen Menschen gefunden zu haben, mit dem man sein Leben teilen möchte. Man will sich kennenlernen, ist neugierig aufeinander und möchte so viel Zeit wie möglich zusammen verbringen. Gleichzeitig stellt sich oftmals aber auch ein Gefühl der Verwirrung ein, denn wenngleich man so verliebt ist, merkt man, dass man mit angezogener Handbremse fährt. So einfach wie früher ist es jetzt nicht mehr. Gemeinsame Treffen müssen in die kinderfreie Zeit verlagert werden, Spontanität ist oft nur schwer möglich. Umso schöner, wenn man einen Partner oder eine Partnerin findet, die selbst Kinder hat, denn dann braucht es keine langen Erklärungen oder Ausreden. Man weiß genau, wovon der andere redet oder warum die gemeinsame Zeit sorgfältig geplant werden muss. Das ist zunächst einmal unendlich erleichternd und schafft ein Gefühl der Nähe. Diese Erleichterung schätzen wir oft viel zu wenig. Wir machen uns viel zu wenig bewusst, wie schön es ist, jemanden getroffen zu haben, der keine falschen Erwartungen hat, der auch den Spagat zwischen neuer Partnerschaft und Elternrolle meistern muss und deshalb vielleicht auch gezwungen ist, Prioritäten zu setzen.

Gleichzeitig – und auch das wird schon in der Findungsphase deutlich – treffen Menschen aufeinander, die eine gescheiterte Beziehung erst einmal verarbeiten müssen. In meinem Bekanntenkreis, aber auch in meiner Forschung treffe ich sehr viele Menschen, die mir immer wieder sagen: »Die Scheidung/Trennung hat Spuren hinterlassen.« Das mag sein, vor allem, wenn es unangenehme familiengerichtliche Auseinandersetzungen gegeben hat. Viel zu wenig thematisieren wir aber die Wunden, die das Gefühl hinterlässt, eine Beziehung nicht erfolgreich gelebt zu haben, sondern an ihr gescheitert zu sein. Der Mensch als soziales Wesen ist grundsätzlich auf die Interaktion mit anderen angewiesen. Ohne zwischenmenschliche Beziehungen können wir uns nicht entfalten. Es ist uns ein inneres Bedürfnis, diese Beziehungen möglichst gelingend zu gestalten. Wenn es also nicht gelingt, die Partnerschaft, die oft die wichtigste soziale Beziehung ist, zu leben, hinterlässt das Spuren. Die Verletzlichkeit und auch die Angst, überhaupt keine stabile Partnerschaft führen zu können, nehmen zu. Wir gehen nicht mehr unbelastet in neue Beziehungen, sondern wir tragen dieses Paket an Vorerfahrungen mit uns und belasten damit dann auch die neue Partnerschaft.

In Patchworkfamilien ist es besonders wichtig, sich mit dieser Gemengelage auseinanderzusetzen, denn hier kommt ein erschwerender Punkt hinzu: Während man in kinderlosen Beziehungen den Expartner oder die Expartnerin nicht mehr sehen muss, verändert sich die Situation mit gemeinsamen Kindern erheblich. So wird man durch die ständige Präsenz von Expartner oder Expartnerin immer wieder an die Vergangenheit und auch an das Scheitern erinnert. Die Erinnerungen verblassen weit weniger als bei anderen Ex-Beziehungen. Gerade deshalb ist es wichtig, die frühere Partnerschaft aufzuarbeiten und einen Abschluss zu finden, der einerseits eine emotionale Distanz ermöglicht, um die Elternschaft nach der Trennung weitgehend positiv zu gestalten, andererseits aber auch genügend Raum für die neue Partnerschaft lässt. Dies muss schon in der Findungsphase angegangen werden, sonst holt uns die Vergangenheit in der Patchworkfamilie immer wieder ein und ist vielleicht auch der Grund, warum das Patchworkfamilienleben nicht funktioniert.

Zur Findungsphase gehört jedoch auch, sich den Kindern des Partners bzw. der Partnerin anzunähern und umgekehrt – wenn man selbst Kinder hat – natürlich ebenfalls ein Kennenlernen zu ermöglichen. Gibt es Kinder auf beiden Seiten, müssen die sich natürlich auch beschnuppern dürfen. In vielen Ratgebern liest man immer wieder, dass man als Paar die Entscheidung für eine gemeinsame Patchworkfamilie vorher gut besprechen sollte. Das halte ich für falsch. Denn man kann sich als Paar die schönsten Gedanken machen und sich die gemeinsame Elternschaft in einer Patchworkfamilie noch so rosig vorstellen – am Ende hat man oft die Rechnung ohne den Wirt bzw. in diesem Fall ohne die Kinder gemacht. Erst im Miteinander von Kindern und Partner bzw. Partnerin zeigt sich, ob eine Familienkonstellation wirklich zielführend ist. Dabei geht es weniger um die erste Reaktion der Kinder (spätestens ab dem zehnten Lebensjahr und der Vorpubertät wird diese zunächst ablehnend oder distanziert sein), sondern um den Prozess des Kennenlernens. Gelingt die Annäherung? Wie reagiert jedes Kind individuell auf den neuen Partner oder die neue Partnerin? Ist genügend Mut und Kampfgeist vorhanden, um auch bei schwierigen Verhaltensweisen der Kinder am Ball zu bleiben? Wie sind die Umgangsformen, entsprechen sie dem, was man sich für das Zusammenleben in der Familie wünscht?

Das braucht Zeit. Die Eigenheiten der eigenen Kinder lernt man von Geburt an kennen, die Eigenheiten der Stiefkinder muss man auch kennenlernen dürfen, um für sich beurteilen zu können, ob man damit zurechtkommt. Dies ist auch sehr wichtig, wenn die Stiefkinder einen Förder- oder Pflegebedarf haben. Gerade weil diese Kinder einen ganz besonderen Schutz brauchen, muss man sich ernsthaft fragen, ob man sich eine solche Veränderung zutraut und was das letztlich auch für die gesamte Familienkonstellation bedeutet. Das mag unromantisch klingen. Aber es hilft, den Blick dafür zu schärfen, dass man schon in der Findungsphase das Projekt Patchworkfamilie auf ein gesundes Fundament stellen kann. Damit dies vielleicht besser gelingt, habe ich einige Leitfragen zusammengestellt, die man zur Sondierung nutzen kann. Sie sind keineswegs erschöpfend, sondern allenfalls als Impuls gedacht, um die Findungsphase gewinnbringend zu gestalten:

LEITFRAGEN FÜR DIE FINDUNGSPHASE

- Geht mein Partner / meine Partnerin liebevoll mit allen Kindern (sowohl leiblichen als auch Stiefkindern) um?
- Pflegt mein Partner / meine Partnerin einen aggressionsfreien, angstfreien und akzeptierenden Umgang mit allen Kindern?
- Gelingt es meinem Partner / meiner Partnerin, mit Negativreaktionen der Kinder (oder eines Kindes) fertigzuwerden?
- Gelingt es meinem Partner / meiner Partnerin, nicht nur die Schwächen, sondern vor allem auch die Stärken der zukünftigen Stiefkinder zu sehen?
- Geht mein Partner / meine Partnerin individuell auf die zukünftigen Stiefkinder ein?
- Geht mein Partner / meine Partnerin generell mit den Förderbedarfen eines Kindes / der Kinder konstruktiv und positiv um?
- Wird sich durch die Förderbedarfe des Kindes / der Kinder im Leben meines Partners / meiner Partnerin etwas verändern? Falls ja, was genau wird sich verändern?
- Welche Kommunikations- und Interaktionsbasis besteht im Falle einer früheren Trennung/Scheidung zum getrennt lebenden Elternteil? Inwiefern kann beispielsweise eine hochstrittige Interaktionsebene das Zusammenleben unserer neuen Patchworkfamilie beeinflussen?

Alle Fragen gelten natürlich auch für Sie selbst, wenn Sie ebenfalls Stiefelternteil werden!

Die Orientierungsphase

Meins, deins, unseres

Die Orientierungsphase beginnt mit dem Übergang in die neue Patchworkfamilie und erstreckt sich über die ersten Jahre des Zusammenlebens. Der Begriff »Orientierung« ist meines Erachtens viel wertvoller als »Phase der Positionskämpfe« oder »Phase des Machtkampfes«, wie ich es in einigen Stieffamilienblogs gelesen habe. Denn er blendet nicht aus, dass diese Phase für Patchworkfamilien sehr herausfordernd ist, lenkt aber gleichzeitig den Blick auf das, was in diesen Jahren wirklich passiert: die Suche jedes einzelnen Familienmitglieds nach seiner Position im Patchworkgefüge und das Ausprobieren unterschiedlichster Rollen. »Orientierung« lenkt den Blick auf den gemeinsamen Weg, der vor allen Familienmitgliedern liegt, nicht auf das Ziel. Schon Konfuzius wusste, dass der Weg genauso wichtig ist wie das Ziel – oder vielleicht sogar noch wichtiger. Rückblickend kann ich augenzwinkernd sagen: Der Mann hatte recht! Unser Orientierungsweg als Patchworkfamilie war oft sehr steinig und jeder von uns ist immer wieder in eine Sackgasse gelaufen. Aber wir haben uns gegenseitig immer wieder aus diesen Sackgassen herausgeholt.

Die Orientierungsphase kann drei, aber auch fünf Jahre dauern, es gibt keinen festen Zeitrahmen. Die Länge der Orientierungsphase ist abhängig von den Personen, die in der Patchworkfamilie leben, und von ihren Charakteren. In gewissem Maße hängt sie aber auch von den Außenstehenden ab, die viel zum Funktionieren des Patchworksystems beitragen können. In erster Linie sind das die Expartner:innen, also die getrennt lebenden leiblichen Elternteile, sowie die Großeltern.

Betrachten wir zunächst die zentralen Familienmitglieder selbst, so ist dies die Phase, in der die einzelnen Flicken des

Patchworks nebeneinandergelegt, begutachtet, verschoben und zu einem neuen Muster zusammengefügt werden. Manchmal müssen Ecken und Kanten umgeschlagen werden, damit ein schöneres Muster entsteht, manchmal muss ein zusätzlicher Flicken zwischen zwei Teilen angebracht werden, um mehr Halt zu geben. Einige Teile der Decke sind weiter voneinander entfernt als andere, manche wiederum sind sehr eng miteinander verbunden. Wie bei jeder künstlerischen oder handwerklichen Tätigkeit gibt es immer wieder Momente, in denen alles auseinanderzufallen scheint oder man mit dem aktuellen Zustand unzufrieden ist.

In der Orientierungsphase geht es für jeden Teil des Patchworkgefüges darum, sich eine Stellung zu sichern, mit der man zufrieden ist. Dementsprechend gibt es viel Streit, Tränen, Besitzansprüche, unfaires Verhalten und Parteinahme. Eigentlich sind die Unterschiede zur klassischen Kernfamilie dabei auch gar nicht so groß, insbesondere wenn man sich großfamiliäre Kontexte ansieht. Auch hier rivalisieren Geschwister um die Gunst der Eltern, um Aufmerksamkeit oder eben auch nur um das schönere Zimmer. Elternteile werden gegeneinander ausgespielt, streiten deshalb miteinander, schlagen sich auf die Seite eines Kindes, streiten deshalb noch mehr – wir alle kennen das gut genug. Am Ende gibt es aber doch einen Unterschied, nämlich die Erkenntnis, dass man eine Familie ist und zusammengehört. Bei Konflikten in der Orientierungsphase von Patchworkfamilien werden oft Familienbündnisse geschmiedet, wobei die biologische Zugehörigkeit häufig über die soziale gestellt wird. Meist verbrüdern sich die leiblichen Geschwister, und sehr oft ergreifen die Eltern in Streitfällen auch eher Partei für ihre leiblichen Kinder, ein natürlicher Schutzmechanismus. Für die Stabilität des Patchworks ist das leider Gift. Denn sowohl bei den

Eltern als auch bei den Geschwistern kann sehr schnell der Gedanke aufkommen: »Eigentlich gehören nur wir zusammen, und die gehören nicht so richtig zu uns.« Und dann ist man schnell bei »Meine Kinder ... deine Kinder ...«. In der Orientierungsphase müssen also gemeinsam neue Strukturen aufgebaut werden und das geht nur durch Ausprobieren. Jede Familie ist einzigartig, und natürlich ist auch das Alter der Kinder entscheidend dafür, wie sie einbezogen werden wollen und sollen.

Was bei uns in der Orientierungsphase sehr gut geholfen hat, war die Familienkonferenz. Deshalb beschreibe ich dieses Aufbrechen verkrusteter Strukturen hier gleich einmal genauer.

BEISPIEL EINER FAMILIENKONFERENZ

Eine Familienkonferenz schafft Raum für eine strukturierte Kommunikation und Diskussion mit dem Ziel, gemeinsame Lösungen für familiäre Herausforderungen zu finden. Alle Familienmitglieder haben die Möglichkeit, ihre Gedanken, Bedürfnisse und Anliegen offen und respektvoll anzusprechen, dementsprechend steht es auch jedem Familienmitglied frei, eine solche Konferenz einzuberufen. Als Elternteil habe ich die Familienkonferenz oft für ganz praktische Probleme einberufen, beispielsweise war Essen in unserer Orientierungsphase ein großes Thema. Jedes Kind hat bis heute unterschiedliche Leibspeisen und mag dafür bestimmte Gerichte gar nicht. Anfangs achtete ich darauf, mindestens zwei Gerichte zur Auswahl zu kochen, sowohl beim Mittag- als auch beim Abendessen. Irgendwann ging mir das gewaltig auf die Nerven, ich hatte das Gefühl, nur noch Zeit in der Küche zu verbringen. Ich überlegte, wie wir das Thema Essen gemeinsam gestalten und besprechen können, und fand bei meiner Recherche die Methode der Familienkonferenz.

Der Ablauf war immer der gleiche. Derjenige, der die Konferenz einberief, schilderte zunächst das Problem – in diesem Fall schilderte ich also den übermäßigen Zeit- und Kostenaufwand für die Zubereitung von zwei Mahlzeiten –, und dann wurden alle Familienmitglieder aufgefordert, Ideen einzubringen, wie man das Problem lösen könnte. Grundsätzlich war es bei uns so, dass jeder einen Vorschlag machen musste oder sich dem Vorschlag eines Vorredners oder einer Vorrednerin anschließen konnte. Die Vorschläge wurden dann diskutiert, und es wurde gemeinsam entschieden, welche Vorschläge ausprobiert werden sollten. In meinem Beispiel machte meine Tochter den sehr guten Vorschlag, dass alle Kinder die Kochbücher durchgehen und ihre Lieblingsrezepte oder Gerichte, die sie gern einmal ausprobieren würden, markieren. Jedes Kind würde dann einmal in der Woche sein ausgewähltes Gericht gekocht bekommen, aber auch die Gerichte der anderen Kinder kennenlernen. Tatsächlich wurde es für viele Wochen zur Lieblingsbeschäftigung meiner Kinder, immer wieder in meinen Kochbüchern zu blättern oder im Internet nach Rezepten zu suchen und gemeinsam mit mir den Speiseplan für die Woche zu erstellen. Von da an war es mit dem doppelten Kochen vorbei, und meine Stiefkinder wurden beim Essen viel experimentierfreudiger.

Die Verstetigungsphase

Das Netz ist gewebt, jetzt folgt die Belastungsprobe

In der Verstetigungsphase steht die Routine der Patchworkfamilie im Vordergrund. Alle Familienmitglieder haben ihren Platz gefunden, und es besteht ein stabiles Beziehungsnetz. Manche Familienmitglieder stehen sich näher als andere, manche sind so gegensätzlich, dass alltägliche Auseinandersetzungen an der Tagesordnung sind. Aber alle haben sich weitgehend damit arrangiert. Das Patchworkmodell ist zur Gewohnheit geworden, ein Leben ohne Stiefelternteil oder Stiefgeschwister ist nicht mehr vorstellbar. Die Patchworkdecke ist mit allen Eigenheiten und Besonderheiten verbunden, und mit jedem gemeinsamen Familienerlebnis wird diese Verbindung stärker. Soweit die Theorie. Ganz so einfach ist es leider aber nicht ...

Denn je älter die Kinder werden, desto mehr verändern sich natürlich auch ihre Vorlieben. Zeit mit Freundinnen und Freunden wird wichtiger, die Familie tritt in den Hintergrund. Gemeinsame Familienzeiten werden, gerade in Patchworkfamilien mit Trennungskindern, oft seltener, je älter die Kinder werden. Auch das ist zunächst kein großer Unterschied zur klassischen Kernfamilie, auch hier müssen Eltern damit leben, dass ihre Kinder selbstständiger werden und es cooler finden, die Wochenenden oder Ferien mit Gleichaltrigen zu verbringen oder mit ersten Nebenjobs Geld zu verdienen. Doch in Patchworkfamilien ist die gemeinsame Zeit – je nach Trennungsmodell – oft nicht so üppig, und es schmerzt viele Eltern, wenn sie merken, dass die Kinder die vereinbarten Tage nicht mehr so gern bei ihnen verbringen.

> Vorsichtige Anfragen der Teenager, ob man denn Tage auch mal auslassen oder tauschen könne, aber auch das Schwärmen von einer Jugendfreizeit, die man gern anstatt des Patchworkfamilienurlaubs machen würde, treiben so manchem Patchworkeltern die Tränen in die Augen.

Ich kann diese Emotionen sehr gut nachvollziehen. Mein großer Sohn wird in diesem Jahr 18, fährt seit drei Jahren höchstens noch einmal im Jahr mit uns allen weg, plant seine Wochenenden (abgesehen von offiziellen Feiertagen und Familiengeburtstagen) weitgehend selbstständig und geht seine eigenen Wege. Da er immer noch bei uns wohnt, genießen wir die wenigen Stunden, die wir noch mit ihm verbringen können. Meine Stieftochter feiert in diesem Jahr ihren 15. Geburtstag, sie hat ihren Lebensmittelpunkt aufgrund des Residenzmodells bei ihrer Mutter. Auch hier merken wir, dass die starr festgelegten Wochenenden und Ferien ihrer Entwicklung überhaupt nicht entsprechen. Oft fallen Geburtstagsfeiern ihrer Clique oder andere Veranstaltungen in die Tage, an denen sie bei uns ist. Dann prallen die unterschiedlichen Wünsche und Bedürfnisse aufeinander: der Papa und die Stiefmutter, die sie vermissen und Zeit mit ihr verbringen wollen, und ihr Streben nach Unabhängigkeit, der Wunsch, sich zu lösen und mit ihren Freund:innen eine gute Zeit zu haben. Schnell fallen im pubertären Gefühlswirrwarr Aussagen wie: »Wenn ich nicht hier sein müsste, könnte ich jetzt mit meinen Freund:innen in die Stadt gehen.« Das fühlt sich an wie kleine Nadelstiche ins Herz, und man ist als Patchworkeltern hin- und hergerissen. Wie entscheidet man, welche Bedürfnisse Vorrang haben? Wie können wir Teil ihres Lebens sein, wenn wir kaum Zeit mit ihnen verbringen?

Besonders schwierig wird es, wenn es sich um Geschwister mit großem Altersabstand handelt, die im Residenzmodell leben. Das ist bei uns der Fall. Während meine Stieftochter langsam flügge wird und aus dem Nest fliegen möchte, kuschelt sich mein fünf Jahre jüngerer Stiefsohn gern in unser Patchworknestchen. Er möchte so viel Zeit wie möglich bei uns verbringen und liebt es, von der ganzen Patchworkfamilie umgeben zu sein. So braucht es in dieser Phase, in der man eigentlich froh ist, dass die Patchworkfamilie nun so gut funktioniert, gerade bei sehr strikten Trennungsmodellen wieder viele Gespräche und neue Absprachen mit den Expartner:innen, um den Wünschen der Kinder, aber auch den Alltagsanforderungen der Erwachsenen gerecht zu werden. Eine ganz neue Auseinandersetzung mit sich selbst als Eltern- oder Stiefelternteil ist zudem notwendig, wenn man wahrnimmt, dass die jugendlichen Kinder weniger Patchworkfamilienzeit und mehr frei verfügbare Zeit haben wollen.

TEIL 3

DIE PATCHWORK-FAMILIE GESTALTEN

Herausforderungen meistern

»Bei Papa gibt's die Gans aber immer am ersten Feiertag!«

Harmonisierung von Familientraditionen in der Patchworkfamilie

Auch in modernen Familien spielen Familientraditionen eine große Rolle. Sie geben uns ein Gefühl von Zugehörigkeit, Identität und Kontinuität. In ihrem Werk *Familientraditionen und Familienkulturen* präsentieren die Autorinnen Meike Sophia Baader, Petra Götte und Carola Groppe unterschiedliche Beiträge der historischen Familienforschung und stellen dabei fest, dass sich die Wissenschaft über viele Jahrzehnte überwiegend auf die Erforschung der Weitergabe von Traditionen konzentrierte, nicht jedoch auf die Brüche in Familien, die zum Verlust von Traditionen führen können.[18] Im Lebensverlauf können sich solche Brüche ganz unterschiedlich darstellen. Kinder werden erwachsen, verlassen das Familiennest, ziehen in andere Länder und lernen dort neue Traditionen kennen. Das Versterben der Großeltern, die in vielen Familien Traditionen bewahren, stellt einen anderen Bruch dar.

Aber auch die Trennung der Eltern führt in Familien immer wieder dazu, dass bestimmte Rituale und Traditionen nicht mehr stattfinden. Die großen Familienfeiern, die für Kinder oft etwas Besonderes sind, verkleinern sich, weil auf einmal ein Teil der Familie nicht mehr eingeladen wird. Das gemeinsame Weihnachtsfest mit beiden Elternteilen findet nicht mehr statt, die gemütliche Routine von Feiertagen und traditionellem Feiertagsessen wird ganz plötzlich durchbrochen. Alles fühlt sich neu und ungewohnt an, so wenig vertraut.

In der Übergangsphase versuchen manche Elternteile dann bestimmte Traditionen aufrechtzuerhalten, andere brechen bewusst mit alten Traditionen, entfliehen den Feiertagen oder früheren Strukturen. Das mag erst einmal eine persönliche Erleichterung sein, für die Kinder ist es oftmals jedoch keine. Zumindest nicht für die Älteren, die sich sehr gut an die gemeinsamen Familientraditionen erinnern und sie eigentlich nicht missen wollen. So ist es auch nicht ungewöhnlich, wenn gerade in der Orientierungsphase der Patchworkfamilie die Kinder sehr sensibel auf die Ausgestaltung von Feiertagen oder deren Vorbereitung reagieren. Bei uns ist die Vorweihnachts- und Weihnachtszeit traditionell eine heikle Phase. Beginnend mit dem 11.11., dem sogenannten Pelzmärteltag in Franken (oder Martinstag im Hochdeutschen), wird die Vorweihnachtszeit eingeläutet und damit auch die entsprechenden Rituale und Traditionen. Der Pelzmärteltag ist für mich persönlich ein ganz wichtiger Tag, da meine Oma ihn für mich immer besonders gestaltet hatte. Der Martinsumzug im Dorf, das gemeinsame Teilen der Breze, das Vorfinden eines Pelzmärtelsäckchens gefüllt mit Süßigkeiten und kleinen Geschenken und schließlich das gemeinsame Abendessen (traditionell mit der Martinsgans) – für mich war das eine wunderbare Familientradition, ein sanftes Eintauchen in die besinnliche Vorweihnachtszeit. Während meiner Ehe hatte ich mich mit dem Vater meiner Kinder darauf geeinigt, dass wir zwar den Pelzmärteltag feiern, es die Gans aber erst am ersten Weihnachtsfeiertag geben solle, da dies seit Generationen das traditionelle Feiertagsessen in seiner Familie war. Nach der Trennung und vor allem, als wir unsere Patchworkfamilie starteten, wollte ich gern meine Tradition wieder aufleben lassen und veranstaltete ein Gänseessen am Pelzmärtelabend. In neuer Kombination saßen wir am Tisch, allesamt fröhlich – bis auf meinen Sohn. Dessen Gesicht wurde von Minute zu Minute länger. Er war von dieser neuen Atmosphäre völlig überfordert, hatte Tränen in den Augen und platzte auf einmal heraus: »Bei Papa gibt es die Gans immer erst am ersten Feiertag! Das ist hier alles ganz falsch, so haben wir das *nie* gemacht!« Wenngleich es an diesem Abend recht schnell gelang, ihn zu besänftigen (der umfangreiche Jutesack mit Geschenken tat sein Übriges), ging mir dieser Wutausbruch noch lange nach.

Wie können wir es schaffen, als Patchworkfamilie neue Traditionen zu etablieren, ohne unseren Kindern das Gefühl zu geben, ihre Erinnerungen an alte Traditionen auslöschen zu wollen?

In einem ersten Schritt habe ich damals begonnen, mit den Kindern über die Traditionen zu sprechen, die ihnen besonders am Herzen lagen. Meine Stieftochter erzählte mir beispielsweise, dass sie von klein auf im Kindergarten und später im Hort mit ihrer Mutter den Adventskranz gebastelt habe und dass sie nicht wisse, ob das jetzt noch möglich sei, wo sie doch nicht mehr alle Tage bei ihrer Mutter verbringe. Mir wurde deutlich, wie wichtig es ist, die Kinder in diesen Traditionen zu bestärken. Natürlich hat meine Stieftochter auch weiterhin jedes Jahr (bis zum Ausscheiden des kleinen Bruders aus dem Hort) mit ihrer Mutter den Adventskranz basteln dürfen – und wenn dafür Betreuungszeiten getauscht werden mussten!

Dann haben wir aber auch darüber gesprochen, wie wir neue, gemeinsame Traditionen entwickeln können. Wer legt Wert worauf, und welche Konstellationen ergeben sich daraus? Beispielsweise ist der Weihnachtsbaumkauf bei uns seit gut sechs Jahren reine Frauensache. Unsere Männer interessieren sich überhaupt nicht dafür, ob der Weihnachtsbaum groß, gut gewachsen oder schief ist. Uns Damen hingegen ist das enorm wichtig. Also legen wir den Weihnachtsbaumkauf immer auf einen Freitag oder Samstag, fahren durch die Gegend, singen dabei im Auto zu unseren Lieblingshits und haben einfach eine gute Zeit. Eine Tradition ist es deshalb, weil sowohl meine Tochter als auch meine Stieftochter bereits mit Beginn der Adventszeit ihre Terminkalender checken, wann wir alle zusammen sind, damit ich bloß nicht allein oder gar mit nur einer Tochter den Baum kaufen gehe.

Ansonsten geht es auch beim Thema Traditionen, wie bei allen Themen der Patchworkfamilie, um Kompromissfindung. Wie kann man zwei Traditionen miteinander kombinieren, und was kommt dabei raus? Bei uns beispielsweise ein Weißwurstfrühstück am Heiligabend, das uns in die wunderbare Situation versetzt, den 24. Dezember ganz entspannt angehen zu können, nicht noch letzte Besorgungen zu machen wie früher, Geschenke einzupacken oder den Baum zu schmücken. Nein, bei uns ist alles bis zum 23. erledigt, weil wir jedes Jahr am 24. Dezember ab halb elf mit den Großeltern, Weißbier und Weißwürsten auf eine schöne Weihnachtszeit anstoßen! Denn worin wir als Patchworkfamilie richtig gut geworden sind: Wir sind flexibel und entwickeln unsere Traditionen kontinuierlich weiter. Geht auch gar nicht anders, denn allmählich werden die Kinder erwachsener, haben die erste feste Freundin bzw. den ersten Freund und die bringen wieder eigene Gewohnheiten mit. Irgendwann wird wahrscheinlich einmal eine Veganerin oder ein Veganer in die Familie Einzug halten und die schönen Traditionen des Martinsgans-Essens oder des Weißwurstfrühstücks umgestalten!

»Die Bezeichnung Stiefvater oder Stiefmutter muss man sich schon verdienen.«

Beziehungsqualität und die Rolle der Stiefelternteile

Ein Patchworkgespräch beim Abendessen. Anwesende: Nina, Partner M., Kind 2 (14 Jahre), Kind 3 (12 Jahre), Kind 4 (8 Jahre). Kind 1 ist bereits 17 Jahre alt und glänzt beim Abendessen häufiger durch Abwesenheit. Die Besonderheit: Auch unsere Expartner:innen haben neue Partner:innen. Unsere Kinder sind also mit einer sehr komplexen Situation konfrontiert. Der hier wiedergegebene Gesprächsausschnitt beginnt damit, dass Kind 2 über den neuen Partner seiner leiblichen Mutter, also der Expartnerin vom M., meinem Partner, spricht.

Kind 2 (14): Ich finde das dann eh immer komisch, wenn mich Freundinnen fragen, ob das jetzt mein Stiefvater ist oder wer das ist. Stiefvater ist ja so ein komisches Wort, ich mag das gar nicht.
Nina: Welches Wort würde dir denn besser gefallen?
Kind 2 (14): Mmmh, na ja, eigentlich der Freund meiner Mutter.

Nina: Okay, aber ist das nicht ein bisschen unfair ihm gegenüber? Ich meine, er verbringt ja die Woche fast ganz mit euch, er passt auf euch auf, wenn deine Mutter nicht da ist, und versorgt euch …

Kind 2 (14): Mich versorgt er eigentlich nicht, ich mache das selbst. Bei ihm (sie deutet auf Kind 4), ist das was anderes. Er verbringt ja viel Zeit mit ihm und wird versorgt von ihm. Also auch wenn er krank ist. Kind 4 kann also gerne von ihm als Stiefvater sprechen, aber für mich passt das nicht.

Nina: Mmmh, ich finde das echt schwierig, weil wir Stiefeltern – und das bin ich für euch beide ja auch (zeigt auf die Kind 2 und 4) – irgendwie eine komische Rolle haben. Wir übernehmen Verantwortung, versorgen euch, verbringen viel Zeit mit euch und trotzdem merke ich, der Begriff passt dir nicht.

Kind 2 (14): Bei dir ist das ja was anderes, da sage ich zu allen, dass du meine Stiefmutter bist, aber das ist ja auch ganz anders, denn seit ich klein bin, bist du da, du machst Schule mit mir, hast mir Schwimmen beigebracht, kaufst Klamotten mit mir, bist immer schon da. Das ist doch ein Unterschied, oder nicht?

Nina: Wenn du das sagst. Ich will ja lernen, was ihr darüber denkt.

Kind 2 (14): Wie nennst du uns denn, wenn du mit anderen von uns sprichst?

Nina: Mmmh, gute Frage. Also manchmal sage ich, ihr seid meine Bonuskinder. (schallendes Gelächter bei Kind 2 und Kind 4)

Kind 4 (8): Bonuskinder, wie das klingt! (schüttelt sich vor Lachen)

Kind 2 (14): Als ob du an der Kasse vom Supermarkt noch ein kleines Geschenk obendrauf kriegen würdest, weil du so viel eingekauft hast. (lacht ebenfalls aus vollem Hals)
Nina: Also kein gutes Wort?
Kind 2 (14): Klingt so, als ob du uns nicht wolltest, aber einfach bekommen hast. Also nein, irgendwie kein gutes Wort.
Nina: Okay, so habe ich's noch nie betrachtet. Ja, ich habe euch mit dazu bekommen, und ich kannte euch ja noch nicht, als ich eurem Vater kennengelernt habe. Aber ich hab mich sehr bewusst entschieden für euch und uns als ganze Familie.
Kind 4 (8): Das klingt schon besser!
Kind 3 (12): Und was sagst du dann über Kind 1 und mich? Sind wir dann deine Gebärkinder? (lacht laut heraus)
Nina: Klar, ich sage immer, ihr zwei seid aus meinen Eiern geschlüpft, und die anderen beiden habe ich als kleine Küken ins Nest bekommen.
Kind 3 (12): Für mich ist das hier, also unsere Familie hier, wir sechs, ganz anders als bei Papa. Papas Freundin ist neu, nett, aber auch nicht oft da. Ihre Söhne sind auch nett, manchmal auch zu Besuch. Aber sie sind alle für mich eben auch Besuch. Für mich ist sie auch die Freundin von meinem Papa. Mehr nicht. Aber M. (blickt zu meinem jetzigen Partner), der ist eben mein Stiefvater, weil er immer schon da ist, seit ich klein bin, und ja auch alles macht wie ein Vater. Also Kind 2 hat schon recht, der Unterschied ist, wie intensiv man zusammen ist und auch eine Beziehung aufbaut. Ich finde Papas Freundin sehr nett, aber sie ist mir fremd.
M. (mein Partner): Es macht ja auch niemand so viel Unfug wie wir, wenn die Mama weg ist, gell? (Er blinzelt Kind 3 zu und lacht.)

Kind 3 (12): Stimmt, wenn die Mama weg ist, haben wir zwei richtig Spaß. (lacht auch)
Nina: Na gut, dann bin ich zukünftig öfters weg. (lacht) Nee, aber mal zurück zum eigentlichen Thema: Wenn wir Freunden und Verwandten von euch erzählen oder auch in der Arbeit, gibt's bei mir gar keine Trennung. Da erzähle ich von meinen vier Kindern. Für mich gibt es da keinen Unterschied.
Kind 2 (14): Wenn ich gefragt werde, wie viele Geschwister ich habe, dann sage ich auch drei. Also noch nie habe ich gesagt, ich habe nur einen Bruder. Sondern ich sage immer, ich habe eine Schwester und zwei Brüder. Für mich ist das normal.

Vielleicht haben Sie solche Situationen und Gespräche mit Ihren Stiefkindern schon erlebt. Für mich wird in diesen kurzen Gesprächssequenzen, die ungeplant und oft mittendrin entstehen, immer wieder deutlich, in welch komplexer Familiensituation sich meine Kinder befinden. Alle vier Kinder! Denn alle Elternteile haben mittlerweile neue Partner:innen, und mit jeder und jedem müssen sich die Kinder auseinandersetzen. Wir alle spielen eine Rolle im Leben meiner Kinder, aber eine sehr unterschiedliche, wie der obige Dialog zeigt. Manche Rollen sind sicher und ziemlich klar definiert. Mutter oder Vater zu sein zum Beispiel. Manche aber auch nicht. Partner oder Partnerin eines Elternteils zu sein, ist eine davon. Von der Freundin des Vaters oder dem Freund der Mutter bis zur Stiefmutter oder zum Stiefvater ist es ein weiter Weg, das machen uns unsere Kinder immer wieder klar. Das Prädikat »Stiefmutter« oder »Stiefvater« muss man sich also verdienen – zumindest aus der Sicht meiner Kinder.

Diese Sichtweise ist deshalb so interessant, weil sie deutlich macht, welche Maßstäbe Kinder eigentlich setzen und was ihnen im Hinblick auf die Beziehungsgestaltung wirklich wichtig ist. Es lohnt sich also, ein ähnliches Gespräch mit den eigenen Kindern zu führen! Die Intensität der Beziehung, vor allem aber die Länge der gemeinsam verbrachten Zeit, scheint ein Maß für meine Kinder zu sein. Aber auch die Teilnahme am Alltag der Kinder, kurz die Zeit, die man in ihr Aufwachsen investiert. Dabei muss der Beziehungsgrad des einen Kindes nicht unbedingt mit dem des anderen Kindes übereinstimmen. Das ist doch eigentlich ganz normal, oder? Wir sprechen doch so gern von »Mama-Kindern« oder »Papa-Kindern«. Es gibt eine umfangreiche Literatur über das unterschiedliche Bindungsverhalten von Kindern zu ihren leiblichen Eltern. Warum sollte das nicht auch für Stiefeltern gelten? Kinder entwickeln einen eigenen Kategorisierungsrahmen und dieser scheint eindeutig an den Faktor Beziehungsqualität gekoppelt zu sein.

Michael Winklers Charakterisierung von Familie scheint mir hier sehr treffend zu sein: »Familie ist mithin ein sozialer Zusammenhang, der von den Beteiligten als solcher begriffen und ergriffen, gegenüber anderen Zusammenhängen als besonderer und eigener verteidigt wird. Familien bestehen dann, wenn die an einer Familie Beteiligten ihre Praxis als Familie gestalten und eine Vorstellung von Familie, von ihrer Familie haben; auf den ersten Blick wird man Familie und Haushalt verbinden, doch zählen oft andere Personen.«[19]

Es erscheint daher lohnenswert, den Begriff der Beziehungsqualität als Stiefelternteil näher zu beleuchten, um die Beziehungen in einer Stieffamilie entsprechend gestalten zu können. Die Ergebnisse der modernen Bindungsforschung machen deutlich, dass die Entwicklung von Kindern in hohem Maße von der Qualität und Quantität der Interaktionen abhängt, die sie im Familiensystem erfahren. Die Familie ist die zentrale Sozialisationsinstanz, also der Ort, an dem Kinder von Geburt an erfahren, ob die Welt ihnen freundlich oder eher feindlich gesinnt ist. Die Interaktion mit den Familienmitgliedern, insbesondere mit den Eltern, prägt die Wahrnehmung des Kindes maßgeblich. Wächst ein Kind in einer liebevollen und zugewandten Umgebung auf, erfährt es Zuneigung von den engsten Familienmitgliedern (Eltern, Geschwister, Großeltern), fühlt es sich angenommen und geborgen, so entsteht das kindliche Urvertrauen. Als Folge ergibt sich eine sogenannte Bindungs- und Beziehungsqualität. In dem Maße, in dem sich ein Kind von seiner Familie unterstützt fühlt, kann es sich auch auf neue soziale Kontakte einlassen, zum Beispiel erste Freundschaften in der Krippe oder im Kindergarten knüpfen. Denn es weiß, dass es bei Streitigkeiten oder Enttäuschungen in der Familie Sicherheit finden kann und unterstützt wird.

Ein Kind hingegen, das früh Gewalt oder Misshandlung erfährt, das vernachlässigt wird oder dessen Bedürfnisse nicht umfassend befriedigt werden, kann kein Urvertrauen entwickeln. Es kann sich nie sicher und angenommen fühlen. Schon Kleinstkinder reagieren auf diese negativen Interaktionen mit Anpassungsreaktionen. Sie verhalten sich möglichst still, wollen nicht auffallen, um nicht weitere negative Handlungen zu provozieren, kurz: um zu überleben. Babys oder Kleinkinder, die in einem solchen familiären Umfeld aufwachsen, weinen zum Beispiel oft nur leise, weil sie merken, dass lautes Schreien oder Weinen negative Sanktionen nach sich zieht. Diese Kinder erfahren also keinerlei Bindungs- und Beziehungsqualität und bleiben ein Leben lang dadurch betroffen und benachteiligt. Denn: Das Urvertrauen kann nur in den ersten Lebensjahren aufgebaut werden. Manches kann später durch Therapien geheilt werden, vieles aber nicht.

Wie man sieht, ist die Beziehungsqualität ein komplexes Thema und ein wichtiges Anliegen für alle Eltern, die sich um das Wohl ihrer Kinder sorgen. Vor allem wenn es zu Trennungen von Elternteilen kommt, aber auch wenn neue Partner:innen in das Leben der Eltern treten, fragen sich viele, wie sich dies auf die Beziehungsqualität zum Kind auswirkt. Gerade weil wir aus der Bindungsforschung wissen, dass Kinder eigentlich ein stabiles Umfeld brauchen, machen sich viele Eltern hier – zu Recht – große Sorgen. Tatsächlich gehen viele Eltern deshalb auch sehr behutsam vor. Der neue Partner bzw. die neue Partnerin wird gemeinhin den Kindern erst dann vorgestellt, wenn man sich sicher ist, dass es sich nicht nur um eine Bekanntschaft, sondern um einen neuen, gemeinsamen Lebensabschnitt handelt.

Das Wissen um die Beziehungsqualität – und dementsprechend dieser etwas längere Exkurs in die Soziologie und Frühpädagogik – ist aus meiner Sicht deshalb so wichtig, weil es uns Stiefeltern dabei helfen kann, unsere Rolle im Leben unserer Stiefkinder zu finden. Grundsätzlich sollten wir uns vor Augen halten, wie wichtig die Beziehungsqualität und Bindung zu den leiblichen Eltern ist. Auch wenn es uns vielleicht schwerfällt, weil wir keine guten Erfahrungen mit den getrennten leiblichen Elternteilen gemacht haben, müssen wir hier die unterschiedlichen Positionen im Blick behalten. Wir betrachten den getrennten Elternteil auf Basis der Erzählungen, die wir von unserem Partner oder unserer Partnerin hören, also gefiltert. Manchmal gibt es vielleicht aber auch direkte unangenehme Begegnungen.

Unsere Stiefkinder sehen in ihrem leiblichen Vater oder ihrer leiblichen Mutter etwas ganz anderes. Wichtig ist vor allem, wie diese Beziehung verläuft, diese Perspektive muss immer an erster Stelle stehen. Wenn Stiefkinder eine sehr gute Beziehung zu ihrer leiblichen Mutter oder ihrem leiblichen Vater haben, sollten Sie als Stiefelternteil immer wieder deutlich machen, wie gut Sie das finden und wie wichtig diese gute Beziehung ist. Mit der Erkenntnis, dass Sie nicht Ersatzmutter oder Ersatzvater sein müssen, können Sie für sich herausfinden, wie Sie Ihre Rolle stattdessen gestalten wollen. Dies hängt sicherlich auch von der Intensität des Zusammenlebens mit den Stiefkindern ab. Verbringen die Stiefkinder viel Zeit in der Patchworkfamilie, muss die Rolle eher erzieherisch sein. Sind die Stiefkinder zwar regelmäßig, aber nur für jeweils kurze Zeiträume anwesend, kann man sicherlich auch die eher freundschaftliche Komponente in der Rollenausgestaltung in den Vordergrund stellen. Natürlich hängt die Ausgestaltung der Stiefelternrolle auch davon ab, welche Rolle der Partner oder die Partnerin einnehmen oder eben nicht bereit ist einzunehmen.

Mein Lebensgefährte hat sich beispielsweise über viele Jahre hinweg sehr schwergetan, die Erziehungsfunktion zu übernehmen, sodass ich mich in diese Rolle drängen ließ. Dies hat bei mir zu viel Frust geführt, weil ich mir immer als Spielverderberin vorkam, während Papa der Held war, der alles durchgehen ließ. Es bedurfte vieler emotional aufgeladener Gespräche, ehe wir ein Agreement finden konnten, mit dem wir beide leben können. Wenn mir Dinge auffallen (und sie fallen mir einfach häufiger auf als ihm), dann spreche ich dies bei ihm an, und er kommuniziert mit den Kindern. Auf diese Weise haben meine Stiefkinder gelernt, dass es keine Möglichkeit gibt, uns gegeneinander auszuspielen, denn gerade dies war das Resultat in den ersten Jahren unseres Patchworklebens. Eine völlig natürliche Reaktion, für die man die Kinder nicht kritisieren darf, schließlich haben wir ihnen den Raum dafür geboten. Gleichzeitig ist dies kein Phänomen, das einem nur in Patchworkfamilien begegnet, sondern davon berichten mir auch viele Freund:innen, die in Kernfamilien leben. Ein gemeinsames Auftreten gegenüber den Kindern ist für viele Elternteile nicht leicht, und die Forschung zeigt hier auch deutlich, dass sich gerade die männlichen Elternteile gern hinter der Fassade des netten Kumpels zurückziehen und die Erziehungsarbeit ihren Partner:innen überlassen.

Gerade in Patchworkfamilien ist dieser Mechanismus aber absolut kontraproduktiv. Denn es drängt Stiefmütter in Rollen, die es ihnen schwermachen, Beziehungen zu ihren Stiefkindern aufzubauen und deren Vertrauen zu gewinnen. Deshalb müssen die Partner dafür sensibilisiert werden, dass sie als Väter mehr Erziehungsverantwortung übernehmen müssen, um ein gutes Fundament für die Patchworkfamilie zu schaffen. Letztlich hatte die Übernahme der Erziehungsfunktion bei meinen Stiefkindern aber gar nicht die negativen Folgen, die ich befürchtet hatte. In der letzten Woche kam meine fast 15-jährige Stieftochter von einem Betriebspraktikum in der Gastronomie nach Hause. Dort hatten sie einen Benimmkurs durchlaufen. Auf unsere Frage, was sie Neues gelernt hätte, antwortete sie ganz cool: »Nichts, das hat uns alles schon Nina beigebracht!«

»Meine Kinder, deine Kinder.«

Strategien für eine starke vertrauensvolle Beziehung zwischen allen Familienmitgliedern

»Meine Kinder, deine Kinder« ist eine Floskel, die bei Elternteilen ganz unterschiedliche Assoziationen hervorruft. Zum einen kann sie bedeuten, dass man nicht vergisst, dass die Familie unterschiedliche Ursprünge hat und damit besonders ist, dass damit aber auch der ausdrückliche Wunsch der Patchworkeltern verbunden ist, alle Kinder als Teil der Familie anzuerkennen und zu respektieren, unabhängig davon, ob sie biologisch verbunden sind oder nicht. Diesen Gedanken finde ich persönlich sehr schön, weil er die Kinder auch keinesfalls verpflichtet, ihre frühere Identität und die Erinnerung an die frühere Familienkonstellation aufzugeben, sondern diese selbstverständlich in die Patchworkfamilien hereingetragen wird. Der Begriff zeugt also auch von Respekt vor den zeitlichen Anforderungen zur Entwicklung einer »Wir-Identität«. Nichts ist so sehr zum Scheitern verurteilt, wie Kindern und gerade auch Jugendlichen mit Start der Patchworkfamilie vorzugeben, dass sie sich jetzt auch wie in einer Familie fühlen müssen. Tatsächlich ist das Gegenteil oft der Fall. Der Stiefelternteil ist noch fremd, die Stiefgeschwister ebenfalls, es gibt noch keine verbindenden Elemente. Die müssen erst langsam gewebt werden, dafür braucht es gemeinsame Erfahrungen im Alltag, in Urlauben, in positiven wie negativen Situationen. Je mehr verbindende Lebenselemente entstehen, desto mehr kann auch ein Wir-Gefühl entstehen. Ich sage an dieser Stelle absichtlich: kann. Denn es muss nicht zwingend sein. In meiner Forschung mit Kindern und Jugendlichen zu den Trennungen ihrer Eltern und dem Aufwachsen in neuen Familienmodellen[20] äußerten etliche Jugendliche, dass sie zwar ein Wir-Gefühl zu ihren leiblichen Elternteilen hätten, es aber auch nach Jahren nicht zu den Stiefelternteilen oder Stiefgeschwistern hätten aufbauen können, sondern immer noch das Gefühl der Fremdheit dominiere. Die Entwicklung einer starken emotionalen Verbindung zwischen Stiefeltern und Kindern in einer Patchworkfamilie erfordert Zeit, Geduld und aktive Bemühungen von allen Beteiligten.

Eine andere Assoziation, die man mit »Meine Kinder, deine Kinder« verbinden kann, geht noch darüber hinaus und verdeutlicht, dass in einer Patchworkfamilie unterschiedliche Beziehungen und Bindungen zwischen den Kindern und den verschiedenen Elternteilen existieren. Jedes Kind kann seine eigene einzigartige Beziehung zu jedem Elternteil haben, unabhängig davon, ob es sich um einen biologischen oder Stiefelternteil handelt. Die Vielfalt der Patchworkfamilie wird durch die vielfältigen Beziehungsmuster hervorgehoben, und gleichzeitig reiht sich die Patchworkfamilie damit auch in alle anderen Familienmodelle ein, denn sind wir mal ehrlich: In welcher Familienform haben alle Familienmitglieder denn ähnlich gute oder schlechte Beziehungen zueinander? Um zu diesen modernen Assoziationen zu gelangen, durchlaufen viele Patchworkelternteile aber einen langen, oftmals auch durchaus schwierigen Prozess. Sicherlich sind die beiden oben genannten Assoziationen bei vielen Patchworkfamilien von Grund auf präsent, wackeln aber im Patchworkfamilienalltag beträchtlich.

So ist es wenig verwunderlich, dass sehr viele Stiefelternteile den Ausspruch »Meine Kinder, deine Kinder« oftmals auch mit einem Abgrenzungsverhalten verbinden, das gerade in Streitsituationen an den Tag gelegt wird. Obwohl es ungemein schmerzt, fällt dieser Satz des Öfteren. Aber warum? Da ist zum einen die emotionale Komponente. Als biologischer Elternteil hat man die Kinder entweder ausgetragen oder eng begleitet, kennt also alle Geschichten rund um Schwangerschaft oder den vorangegangenen Kinderwunsch. Ausgehend von der Erfahrung, dass man ein Kind erwartet, bis hin zum jetzigen Alter des Kindes, gibt es viele verbindende Momente. Deutlich wird dies auch an kleinen Anekdoten, die uns in den verschiedensten Alltagssituationen einfallen. Es gibt, je nach Alter des Kindes bei der Trennung der Eltern, eine vielleicht lange Geschichte des Zusammenlebens in einer anderen Konstellation, mit anderen Prägungen und anderen Geschichten. Auch die Phase der Trennung ist prägend. Beim Stief- bzw. Bonuskind hat man entscheidende Momente des Lebens nicht mitbekommen, man ist in dieser Erinnerung außen vor. Es ist einem deutlich bewusst, dass hier der Elternkontext ein ganz anderer war als heute, dass dieses Kind eine Geschichte hat, zu der man schlicht nicht gehört.

Wenn ich zurückdenke – ich selbst stamme aus einer klassischen Familienkonstellation und bin als Einzelkind aufgewachsen –, gab es dennoch auch bei meinen Eltern die Unterscheidung »Mein Kind, dein Kind«. Besonders gern wurde diese praktiziert, wenn ich etwas angestellt hatte. Ärgerte sich mein Vater über mich, dann ging er zu meiner Mutter mit den anklagenden Worten »Weißt du, was *deine* Tochter gemacht hat?« Sicherlich werden meine Eltern dafür nicht das einzige Beispiel sein. Im Gegenteil. Ich ertappe mich selbst dabei, dass ich, die so offensiv das Patchworkfamilienmodell nach außen trägt und dafür wirbt, in Momenten, in denen ich mich über meine Stiefkinder ärgere, ebenfalls zu meinem Partner sage: »Dein Sohn hat ...« oder »Deine Tochter hat ...«. Es gibt also neben der emotionalen Ebene auch noch eine soziale Ebene.

» Vereinfacht formuliert bedeutet dies, dass wir als Menschen, gerade auch als Elternteile dazu tendieren, unsere Erwartungshaltungen den zwischenmenschlichen Beziehungen zu unseren Kindern überzustülpen. Lange Zeit wurde dies ganz klassisch als Erziehung definiert. «

Da wir heute aber ein anderes Erziehungsbild haben und zum Glück auch weit weg sind vom Bild des unmündigen Kindes, das keine eigene Meinung haben darf, fällt es uns stärker auf als früheren Generationen, dass wir gerade in Streitphasen unser Ideal der zwischenmenschlichen Beziehung überhöhen. Wir treten ein für die Anerkennung unserer Normen und Werte, etwas, was wir unseren Kindern alltäglich vermitteln. Bei Auseinandersetzungen verhält sich unser Kind oft nicht mehr regelkonform, stellen also unsere Normen und unser Wertesystem infrage. Bei uns Elternteilen macht sich dabei ein Gefühl der Ungläubigkeit und Ohnmacht breit, das schnell dazu führt, dass wir für uns eine Ausweichmöglichkeit suchen. Und was liegt näher, als die sichere Distanzierung und Schuldzuweisung an den Partner oder die Partnerin durch den Ausruf »Dein Kind hat ...«?

Betrachtet man diese Assoziationen zu »Meine Kinder, deine Kinder«, dann handelt es sich – wie bei vielen Dingen im Patchworkfamilienalltag um einen Prozess. Erklärtes Ziel ist es, aus »mein« und »dein« ein »uns« zu formen. Ein realistisches Ziel ist es, zu erkennen, dass es in keinem Familienmodell ein idealisiertes »uns« gibt, sondern dass individuelle Beziehungsmuster und Beziehungsintensitäten vorherrschen, die man erkennen und akzeptieren muss, die sich mit dem Heranwachsen der Kinder aber auch verändern können. Deshalb sollte man »Meine Kinder, deine Kinder« niemals negativ bewerten. Dieser Ausspruch legitimiert die Vergangenheit, was gerade für die Kinder wichtig ist. Was für mich als Patchworkmama noch wichtiger ist: Er schafft Rollenklarheit, denn er kann durchaus helfen zu klären und auch zu verinnerlichen, wer für wen primär verantwortlich ist und welche Entscheidungsabstufungen damit verbunden sind. Denn rein rechtlich kann und muss ich für »meine Kinder« sehr viel mehr Entscheidungen treffen als für die Kinder meines Lebensgefährten. Die Unterscheidung hilft mir beispielsweise auch immer wieder, die Grenzen meines Handelns zu akzeptieren. Denn ich neige dazu, für alle Bereiche Verantwortung übernehmen zu wollen. Ich kann es schlichtweg aber gar nicht.

Es wird immer wieder vorkommen, dass es unterschiedliche Auffassungen zwischen leiblichen Elternteilen und Stiefelternteilen gibt. Im Alltag ist das manchmal natürlich herausfordernd. Oft berichten Stiefelternteile über ihre Machtlosigkeit, wenn es um Schlafenszeiten, Ausgehzeiten oder Umgang mit Freundinnen und Freunden geht. Auch ich habe diese Erfahrungen gemacht. Anstatt sich in eine endlose Anklageschleife darüber zu verbeißen, habe ich mir eine andere Vorgehensweise antrainiert. Mir war es wichtig, mit meinem Partner eine gemeinsame Linie hinsichtlich unserer Werte, Normen und familiären Regeln zu finden. Das ist gar nicht so einfach und auch bei uns war dieser Weg nicht konfliktfrei. Aber dadurch, dass wir gemeinsam ein Verständnis davon entwickelt haben, wie der familiäre Alltag bei uns ablaufen soll, wurde unser Zusammenhalt gestärkt. Gemeinsam konnten wir also gegenüber all unseren Kindern begründen, warum wir auf bestimmte Dinge vielleicht mehr Wert legen oder eine andere Herangehensweise haben als die anderen Elternteile. Bestimmte Erziehungsbereiche, die meine Stiefkinder betreffen, akzeptiere ich heute, indem ich mir auch ganz klar vor Augen halte: Das ist nicht meine Zuständigkeit. Ich kann eigene Regeln für »meine Kinder« aufstellen, kann hier die Grenzen anders ziehen. Aber es wird immer Unterschiede zwischen »meinen« und »seinen« Kindern geben.

Das anzunehmen, ist überhaupt nicht leicht. Klassische Themen, das zeigt auch meine Befragung der Stiefelternteile, sind beispielsweise Entscheidungen zur schulischen Laufbahn, zum Lernverhalten oder auch zu ärztlichen Behandlungen. Gerade wenn die Stiefkinder sehr viel Zeit in der eigenen Patchworkfamilie verbringen, fallen bestimmte Dinge auf, und man kann als Stiefelternteil dennoch sehr bedingt Einfluss nehmen. Denn diese Entscheidungen obliegen allein den Erziehungsberechtigten, also in den meisten Fällen den leiblichen Elternteilen.

Tipps zur Beziehungsgestaltung zwischen Stiefeltern und Kindern in der Patchworkfamilie

TIPP 1: Geduldig sein und nichts übers Knie brechen

Beziehungen brauchen Zeit, um zu wachsen. Sowohl Stiefeltern als auch Kinder sollten geduldig sein und sich Zeit nehmen, um einander kennenzulernen und Vertrauen aufzubauen. Es ist völlig normal, dass es anfangs (und dieser Anfang kann sich über etliche Jahre hinziehen) an allen Ecken und Enden knirschen kann. Denken Sie daran, wie komplex die Situation ist, die Sie, aber auch die Stiefkinder zu bewältigen haben. Der Begriff »Bonuskinder« macht das aus meiner Sicht sehr deutlich. Für Sie sind das Kinder, die Sie »on top« noch bekommen, weil Sie sich in einen Menschen verliebt haben, der eben vorher nicht ungebunden war, sondern ein Vorleben mitbringt. Wahrscheinlich haben Sie sich vorher nie Gedanken darüber gemacht, ob Sie einmal mehrere Kinder oder gar eine große Familie haben wollen, oder Sie haben das in Ihrem bisherigen Leben sogar explizit ausgeschlossen. Plötzlich sind Sie gezwungen, Ihre Ideale, Vorstellungen und auch Vorbehalte über Bord zu werfen – sozusagen aus Liebe. Nun kann Liebe viel tragen (und auch viel ertragen), aber für eine so komplexe Situation reicht sie nicht aus. Das ganze Leben ändert sich. Man braucht vielleicht eine größere Wohnung, die finanzielle Belastung steigt, der Koordinationsaufwand nimmt deutlich zu – kein Wunder, dass man manchmal nicht in der Lage ist, alles wunderbar und nur schön zu finden.

Aber das gilt auch für Ihre Bonuskinder. Auch sie bekommen einen zusätzlichen Elternteil, den sie eigentlich gar nicht wollten! Ihre Bonuskinder müssen zum einen die Trennung der Eltern verkraften und sich von ihrem bisherigen Leben verabschieden. Und dann tritt, oft schon nach kurzer Zeit, ein neuer Mensch in ihr Leben, der nun irgendwie in der Elternrolle mitspielen will. Die Bonuskinder müssen damit zurechtkommen, dass Papa oder Mama einen anderen Menschen in ihrem Leben haben, dem sie Liebe schenken, und das fördert oft die Eifersucht. Vor allem, wenn man einen Elternteil durch die Trennung nicht mehr so oft sieht wie den anderen. Viele Kinder assoziieren dann schnell, dass der neue Partner mehr geliebt wird als sie selbst, und lehnen ihn folgerichtig erst einmal ab. Hier kann man als Stiefelternteil eigentlich nur Verständnis zeigen. Gefordert ist in dieser Situation vielmehr eben der Partner oder die Partnerin als leiblicher Elternteil. Denn den Kindern muss klar kommuniziert werden, dass es einen

Unterschied zwischen der Paarbeziehung und der Eltern-Kind-Beziehung gibt, dass beide sehr gut nebeneinander existieren können, es also keine Substitution gibt.

Dies muss auch entsprechend vorgelebt werden, nur so können das Kinder unterschiedlichen Alters auch begreifen lernen. Auch dies ist ein Prozess, der vielen Patchworkfamilien sehr schwerfällt. Aus eigener Erfahrung kann ich nur raten, dass es wichtig ist, die emotionale Paarbeziehung nicht vor den Kindern zu verstecken. Ein liebevoller Umgang, eine Umarmung oder ein Kuss – nichts davon sollte vor den Kindern verheimlicht oder überspielt werden. Vielmehr wird eben nicht nur der Partner oder die Partnerin geküsst, sondern es gibt auch ein Küsschen für das Kind, das dies beobachtet hat – sofern es das möchte. Wir haben, solange die Kinder noch klein waren, auch gern »Familienkuscheln« praktiziert. Wenn wir als Paar auf dem Sofa lagen und die Kinder kamen ins Wohnzimmer, haben wir sie zu uns geholt, oder sie haben sich von selbst auf uns geworfen. Das war immer so lautstark, dass auch die anderen Kinder angelockt wurden und natürlich begeistert mitgemacht haben. Ich denke sehr gern an diese wunderbaren Kuschelrunden zurück, gerade jetzt wo drei der vier Kinder in der Pubertät sind und Kuscheln mit den Eltern gar nicht mehr cool ist.

TIPP 2: Sich Zeit nehmen und neue Konstellationen wagen

Der gelingendste Weg für uns als Stiefelternteile war es, bewusst Zeit mit den Stiefkindern einzeln zu verbringen bzw. mit allen Kindern in den unterschiedlichsten Konstellationen. Mal mit einem Stiefkind allein, dann mit beiden Stiefkindern, dann in Kombination leibliches Kind und Stiefkind, und auch dies in den unterschiedlichsten Mischungen. Tatsächlich sind wir als

Paar sehr gut darin, zu beobachten, mit wem und in welchen Kombinationen wir sehr oft Zeit verbringen, und bewusst diese Kombinationen dann auch zu durchbrechen. Rückblickend war die Zeitgestaltung mit meinem Stiefsohn für mich immer sehr viel selbstverständlicher, als Einzelzeiten für meine Stieftochter zu reservieren. Dies lag auch daran, dass mein Stiefsohn noch ein Kleinkind war, als ich seine Stiefmutter wurde, und ich ihn meist betreut habe, wenn er erkrankt war und nicht in die Krippe oder Kita konnte, weil ich meine Arbeit flexibel anpassen konnte. Auch jetzt, wo er größer ist, haben wir ein gemeinsames Ritual, wenn er Sorgen hat oder sehr aggressiv vom Hort nach Hause kommt. Ich packe ihn ins Auto, und wir fahren zu einem unserer Lieblingsorte in der Natur. Dann laufen wir zusammen, steigen auf einen kleinen Berg oder klettern auf einen alten Baum, und er erzählt mir, was passiert ist.

Viel schwieriger war der Beziehungsaufbau zu meiner Stieftochter, weil sie in den ersten Jahren der Trennung stark gegen mich rebelliert hat. Ich habe also immer angenommen, dass sie auf keinen Fall mit mir allein Zeit verbringen will, und dies daher stets vermieden. Stattdessen habe ich immer dafür gesorgt, dass sie so viel Zeit wie möglich mit ihrem Vater allein verbringen kann. Gerade dies führte aber dazu, dass sie eifersüchtig war auf die Zeit, die die anderen Kinder mit mir allein verbrachten. Denn natürlich fiel ihr auf, dass wir eigentlich keine gemeinsamen Erfahrungsmomente hatten. Also versuchten auch wir, für uns gemeinsame Zeiten zu reservieren. Als sie kleiner war, haben wir gemeinsam gemalt oder gebastelt, heute ist es ein gemeinsames Kuchenbacken oder ein gemeinsamer Cafébesuch. Da meine Stieftochter und meine leibliche Tochter eine sehr enge Beziehung haben, war hier die Eifersucht auch immer stark ausgeprägt. Meine Stieftochter hatte oft das Gefühl, bei den vielen

Erlebnissen und Aktivitäten meiner Tochter und mir außen vor zu bleiben. Deshalb achte ich seit einigen Jahren verstärkt darauf, dass es immer eine »Mädelszeit« gibt. Dann machen wir zu dritt eben klassische Mädelssachen. Wir fahren zum Wellnessen, gehen Schlittschuh laufen, schauen uns kitschige Filme zu Hause oder im Kino an oder gehen shoppen. Auf diese Weise können wir diese Unterscheidung zwischen Stieftochter und Tochter sehr gut außer Kraft setzen bzw. ersetzen durch unser »Mädelskollektiv«. Und das tut ziemlich gut. Im Umkehrschluss geht unsere Männerriege dann gemeinsam ins Wirtshaus und frönt der deftigen, fränkischen Küche, ohne sich unsere Vorhaltungen über fettigen Fleischkonsum anhören zu müssen. Und dann gibt es noch die Fußballtage, die ich als Mama mit meinem leiblichen Sohn und meinem Stiefsohn im Stadion verbringe, weil wir erklärte Anhänger unseres Heimatvereins sind und nichts so guttut wie die Stimmung im Stadion. Ein Beziehungsaufbau in einer Patchworkfamilie gelingt also dann, wenn man nicht immer die gesamte Familie adressiert, sondern sich selbst und den Kindern die Gelegenheit gibt, Gemeinsamkeiten zu finden, die nicht alle teilen, sondern die unterschiedliche Konstellationen erlauben. Dadurch kommen sich alle näher, und alle fühlen sich als Individuen wahr- und ernst genommen.

TIPP 3: Interessen und Hobbys unterstützen

Nicht nur für die Hobbys und Interessen der eigenen Kinder Zeit zu reservieren, sondern auch diejenigen der Stiefkinder ernst zu nehmen, ist wichtig, damit sie sich gesehen fühlen. Ich weiß nicht, in wie vielen miefigen Turnhallen ich saß, um Tanzaufführungen meiner Stieftochter anzuschauen, und wie viel Zeit mein Partner wiederum auf dem Fußballplatz verbrachte, als mein Sohn noch aktiv spielte. Obwohl es mich keinesfalls in Verzückung versetzt, Steine unterschiedlichster Art und Form anzuschauen, streife ich mit meinem Stiefsohn durch geologische Museen und Ausstellungen oder helfe beim Polieren seiner Steinsammlung. Auf der anderen Seite gibt es aber auch Leidenschaften, die wir gemeinsam über die Jahre entwickelt haben und teilen. Eislaufen beispielsweise oder in den Bergen wandern.

Gleichzeitig ist es wichtig, sowohl die individuellen Bedürfnisse des Stiefkindes als auch die eigenen Bedürfnisse wahr- und ernst zu nehmen. Nicht immer ist eine gemeinsame Interaktion gewollt, ebenso ist es am Anfang auch gut, die gemeinsamen Aktivitäten zeitlich enger zu begrenzen. Planen Sie also nicht gleich einen Wochenendtrip, um das Stiefkind besser kennenzulernen, sondern fangen Sie mit einem gemeinsamen Kinobesuch oder einem leckeren Eisbecher im Lieblingscafé an – je nach Alter des Kindes findet sich hier eine Vielzahl von Möglichkeiten. Zwingen Sie sich auch nicht dazu, das Kind wird schnell merken, wenn Sie es nur aus einem Gefühl der Verpflichtung heraus tun. Zusammen im Sandkasten spielen, Gartenarbeit machen, einen Kuchen backen, das reicht für den Anfang absolut aus. Vermeiden Sie bei größeren Kindern und vor allem Jugendlichen anfangs auch Situationen, in denen viel geredet werden muss. Sonst schleicht sich schnell das Gefühl ein, dass man hier ausgehört oder auf die Probe gestellt wird. Sportliche Aktivitäten eigenen sich ebenso wie kreative Dinge oder eben der gemeinsame Kino-, Theater- oder Museumsbesuch.

TIPP 4: *Offen kommunizieren und Kommunikationsorte schaffen*

Es ist wichtig, dass gerade Stiefeltern und Kinder eine Atmosphäre schaffen, in der sie frei und offen miteinander kommunizieren können. Nichts ist so schädlich wie »Tür- und Angelgespräche« oder das bloße Zurufen wichtiger Themen. Ein schönes Ritual, das ich geschaffen habe, ist das gemeinsame Kaffeetrinken am Freitag, wenn meine Stiefkinder bei uns ankommen. Für uns alle ist es mittlerweile etwas Besonderes, weil dieses Kaffeetrinken die Zeit einläutet, in der wir vollständige Patchworkfamilie sind (unter der Woche sind wir, die Ferien ausgenommen, meist zu viert, da meine Stiefkinder dann bei ihrer Mutter sind). Alle Kinder – und auch wir – freuen sich darauf, bei selbst gebackenem Kuchen entweder am großen Esstisch oder im Garten zu sitzen und das zu erzählen, was sich im Laufe der Woche so zugetragen hat.

Ich habe den Eindruck, dass sie es genießen, dass es diese besondere Zeit gibt, mit der wir auch zum Ausdruck bringen möchten, wie wichtig sie uns sind und wie wichtig es uns ist, zu erfahren, was sie die Woche über erlebt haben. Selbst mein großer Sohn, der mittlerweile mit großen Schritten auf die Vollendung des 18. Lebensjahrs zugeht, gibt sich – und uns – an der Kaffeetafel die Ehre und genießt diese gemeinsame Familienzeit.

Zugleich ist offene Kommunikation auch immer altersabhängig. Bei Kleinkindern (zwischen dem ersten und dritten Lebensjahr) ist es sehr wichtig, auf ihre Körpersprache zu achten. Was führt zu Unbehagen, und wie kann man es auflösen? Das gemeinsame Spielen am Boden, also auf Augenhöhe, aber auch, dass man Raum lässt und nicht sofort körperliche Nähe sucht, dazu leise Zwiegespräche mit dem Kind oder generell auch gemeinsames Singen oder Vorlesen fördern in diesem Alter den Beziehungsaufbau sehr gut. Bei Kindergartenkindern im Alter zwischen vier und sechs Jahren kann man schon eher auf gemeinsame Gespräche setzen. Wichtig sind hier eine altersgerechte Sprache und Geduld, denn jedes Kind hat andere Sprachfertigkeiten. Erwarten Sie hier keinesfalls, dass das Kind von sich aus erzählt, sondern stellen Sie gezielte Fragen, die deutlich machen, dass Sie sich für seine Alltagserfahrungen interessieren. Ermutigen Sie gerade auch in diesem Alter die Kinder, über ihre Gefühle zu sprechen, und akzeptieren Sie schlechte Laune oder Missmutigkeit. Oftmals hat das überhaupt nichts mit Ihnen persönlich zu tun und falls doch, dann sollte man es schnell aufklären. Ab dem Schulkindalter kann man genau die regelmäßigen Gesprächszeiten schaffen, die ich in meinem Beispiel zur Kaffeetafel thematisiert habe. Grundsätzlich sollten Sie die Kinder hier ermutigen, mit Ihnen zu diskutieren, auch wenn unterschiedliche Sichtweisen vertreten werden. Im Umgang mit meinen Kindern war und ist mir eine klare Botschaft wichtig: Du kannst anderer Meinung sein, aber bitte erkläre mir, wie du dazu kommst. Und natürlich müssen auch Sie sich erklären. Zeigen Sie Respekt für die Sichtweisen der Kinder, berücksichtigen Sie, dass ihnen oftmals ganz unterschiedliche Werte und Perspektiven in den Elternhaushalten vermittelt werden, und lassen Sie sich hier auch nicht zu wertenden Aussagen hinreißen. Nichts ist so schlimm für Kinder wie das Gefühl, dass die eigenen Eltern von anderen schlecht gemacht werden.

Bei Teenagern und jungen Erwachsen wird es dann auch zunehmend wichtiger, ihre Privatsphäre zu respektieren und eben auch zu akzeptieren, dass sie über manche Themen nicht sprechen und auch keine Einblicke in ihr Innenleben gewähren wollen. Aus Erfahrung kann ich hier nur sagen: nicht drängen, nicht bohren, sondern immer wieder deutlich machen, dass man gern bereit ist, für bestimmte Themen zur Verfügung zu stehen. Tatsächlich muss man manchmal auch akzeptieren, dass man für bestimmte Themen eben nicht die Adressat:in des Stiefkindes ist. Während meine eigenen Kinder, sowohl mein Sohn als auch meine Tochter, sehr offen mit mir über Verliebtheit, die erste Freundin, Streit mit Freunden und so weiter sprechen, tut meine Stieftochter das beispielsweise nicht. Für mich war das lange sehr schwer zu akzeptieren, weil ich mich natürlich auch freue, wenn sie verliebt ist, und neugierig bin, wie es ihr damit geht. Ebenso weiß ich sehr wenig über ihren Freundeskreis. Aber diese Dinge teilt sie viel eher mit ihrer Stiefschwester als mit mir und ich respektiere das.

TIPP 5: Konflikte offen ansprechen und konstruktiv lösen

Wo Menschen zusammenkommen und sogar zusammenleben, gibt es Konflikte, sie sind also völlig normal. Niemand mag sie, nur wenige halten sie gut aus, aber sie sind Bestandteil menschlichen Zusammenlebens. Dementsprechend ist es aber auch wichtig, genau dies in einer Patchworkfamilie zu kommunizieren, denn das Konfliktpotenzial ist hier aufgrund spezifischer Rahmenbedingungen oftmals besonders hoch. Zum einen drohen Paarkonflikte, weil es gilt, die Meinung der Expartner:innen zu respektieren und in die eigene Familienplanung einzubeziehen. Dann gibt es – wie in allen anderen Familienformen – Erziehungskonflikte, weil es immer wieder unterschiedliche Haltungen zu bestimmten Themen gibt. Gerade Schule und das Lernen daheim sind absolute Konfliktherde für ausgeprägte Streitigkeiten zwischen den Elternteilen, das hat auch meine kleine Stiefelternbefragung gezeigt.

Konflikte mit den Kindern sind oft altersspezifisch und keinesfalls davon abhängig, ob es das eigene Kind oder Stiefkind ist. Konflikte zwischen den Geschwistern sind ebenfalls normal, denn es gilt, die eigenen Pfründe zu verteidigen. Egal, auf welchen Ebenen bzw. zwischen welchen Familienmitgliedern sich Konflikte anbahnen: Fördern Sie den respektvollen Umgang miteinander und ermutigen Sie alle Familienmitglieder, ihre Gefühle auszudrücken und einander zuzuhören. Gemeinsam nach Lösungen zu suchen und Kompromisse einzugehen, ist meines Erachtens ein Schlüssel zum friedlichen Patchworkalltag. Unter dem Motto »Das ganze Leben ist ein einziger Kompromiss« werden bei uns Streitigkeiten aus dem Weg geräumt, das heißt, alle Konfliktparteien müssen Angebote zur Lösung des Konfliktes machen. Manchmal sind die Kinder darin auch deutlich besser als wir Erwachsenen!

TIPP 6: Vermeiden Sie Vergleiche oder Wettbewerb

»Kein Wunder, dass du so stur bist, das hast du von deinem Vater« – ein Satz, der viel Schaden anrichten kann. Vermeiden Sie Vergleiche zwischen den Kindern und den biologischen Elternteilen (gemeint sind hier die Expartner:innen), insbesondere wenn es sich um Abwertungen oder Negativbewertungen von Charaktereigenschaften handelt. Jedes Kind ist einzigartig und verdient Anerkennung für seine individuellen Stärken und Erfolge, ebenso aber auch für seine Schwächen. Diese müssen gefördert und erst einmal auch akzeptiert werden. Worauf diese zurückzuführen sind, ist absolut zweitrangig. Gerade Stiefkinder werden von ihren Stiefelternteilen sehr viel kritischer bewertet, weil man unbewusst (manchmal auch bewusst) alles Negative auf den Expartner oder die Expartnerin übertragen möchte. Denn der eigene Lebensgefährte oder die eigene Lebensgefährtin, die so großartig ist, kann schlicht nicht dafür verantwortlich sein, dass das Stiefkind so stur oder hibbelig ist.

Was für ein Trugschluss! Niemand kennt den Genpool, und in jedem von uns steckt eine ganze Reihe schlechter Eigenschaften, die wir schon allein durch Sozialisation an unsere Kinder weitergeben – und zwar unabhängig davon, ob es die eigenen oder die Stiefkinder sind. Sprich: Die Vorbildfunktion hat einen viel größeren Einfluss als die Gene, das ist wissenschaftlich erwiesen. Ein positives familiäres Umfeld ermutigt die Kinder, ihr Bestes zu geben, ohne dass wir sie mit ihren Elternteilen vergleichen oder sie untereinander in Konkurrenz setzen. Denn auch das wird oftmals gemacht, unabhängig davon, in welcher Familienform sie aufwachsen.

TIPP 7: Keine Scheu vor professioneller Unterstützung

Manchmal können komplexe Dynamiken in Patchworkfamilien eine professionelle Unterstützung erfordern. Wie ich ausgeführt habe, war auch meine Beziehungsgestaltung zu meiner Stieftochter anfangs schwer. Hätten meine Strategien nichts gebracht, hätte ich mir professionelle Hilfe gesucht. Scheuen Sie sich nicht, bei Bedarf einen Familientherapeuten oder eine Beraterin hinzuzuziehen, die Ihnen bei der Bewältigung von Herausforderungen helfen und die Beziehung zwischen Stiefeltern und Kindern stärken. Anlaufstellen bei Konflikten können auch die Erziehungsberatungsstellen sein, die es in jeder größeren Kommune gibt. Dort bekommt man deutlich früher einen Termin als bei niedergelassenen Psycholog:innen oder Familientherapeut:innen. Mittlerweile gibt es auch sehr gute Websites und Blogs, die sich mit der besonderen Situation von Patchworkfamilien beschäftigten. Auf dem Familienportal NRW finden sich beispielsweise sehr gut aufbereitete Hilfestellungen zu unterschiedlichsten Themen von Patchworkfamilien.[21] Das Familienportal des Bundes gibt Ratschläge zu allen alltagspraktischen Fragen von Patchworkfamilien.[22] Im Bereich der Blogs gefallen mir der »Stiefmutterblog«[23] und »Patchwork auf Augenhöhe«[24] sehr gut, weil sie sich humorvoll, aber ehrlich allen Themen rund um das Thema Patchwork stellen, nichts beschönigen, aber immer ermutigen und zeigen, dass es für alle Familienmitglieder wertvoll ist, sich auf das Abenteuer Patchwork einzulassen. Darüber hinaus gibt es mittlerweile noch eine große Anzahl weiterer Blogs, die man mit einer einfachen Schlagwortsuche über Google oder andere Suchmaschinen finden kann.

»Muss ich meine Stiefkinder lieben?«

Zum Umgang mit Ambivalenz in der Stiefeltern-Stiefkind-Beziehung

Jeder Stiefelternteil, der mir sagt, er habe sein Stiefkind von Anfang an geliebt, lügt. Das klingt hart und gemein, aber ich halte es für wichtig. Denn wir müssen unbedingt aufhören, von uns als Stiefeltern Emotionen zu verlangen, zu denen wir von Natur aus und biologisch gar nicht in der Lage sind. Man kann ein Stiefkind vom ersten Augenblick an ins Herz schließen, man kann es sympathisch finden, aber man wird es nicht sofort lieben. Genauso kann es sein, dass man das Stiefkind auf den ersten Blick unsympathisch findet, im schlimmsten Fall bleibt dieser Eindruck sogar über längere Zeit bestehen. Was wir dabei aber oft vergessen: Ebenso wie die Beziehung und Bindung zum leiblichen Kind nicht selbstverständlich ist, sondern erst langsam reifen muss, ist dies auch in der Beziehung zum Stiefkind der Fall. Stiefmütter sehen sich hier oftmals besonders unter Druck gesetzt. Schließlich wird schon in der biologischen Mutterschaft von der Gesellschaft ein erheblicher Druck hinsichtlich der Mutter-Kind-Bindung ausgeübt. Eine Mutter, die ihr Kind nach der Geburt in den Armen hält und nicht sofort eine starke Verbindung spürt? Das gibt es nicht!

Tatsächlich ist die Mutter-Kind-Bindung in vielen Fällen eine natürliche und instinktive Bindung, die sich bereits kurz nach der Geburt entwickelt. Durch den Prozess der Schwangerschaft, der Geburt und das Stillen werden Bindungshormone wie Oxytocin freigesetzt, die die Bindung zwischen Mutter und Kind fördern können. Aber eben nicht bei allen Müttern, und das wird gern übersehen. Komplikationen während der Schwangerschaft oder der Geburt können zu einer Trennung von Mutter und Kind führen, was zu einem verzögerten Bindungsaufbau führt. Auch postnatale Depressionen, mittlerweile eine anerkannt häufige Erkrankung nach der Geburt, können die Fähigkeit der Mutter beeinträchtigen, eine emotionale Beziehung zu ihrem Kind aufzubauen. Zugleich zeigen Studien zum Verhältnis zwischen Adoptivmüttern und Adoptivkindern, dass die Bindung zwischen ihnen sehr flexibel und anpassungsfähig ist. Selbst wenn Mutter und Kind anfangs keine enge Bindung haben und erst in ihre jeweiligen Rollen finden müssen, können sie sich im Zeitverlauf durch die enge Interaktion und Fürsorge sehr eng aneinanderbinden. Selbiges gilt auch für Patchworkmamas und ihre Stiefkinder. Eine sofortige enge Bindung ist absolut selten und eher unüblich. Dies kann auch deshalb nicht sein, weil es ja in den meisten Fällen noch eine biologische Mutter gibt, die die eigentliche Mutterrolle schon besetzt hat. Die Patchworkmutter muss sich also erst einmal ihre »Nische« suchen. Was will und was kann sie sein? Freundin, Gefährtin, Zweitmama? Hinzu kommt, dass sie in dieser Rollenfindung keineswegs frei ist. Die Erwartungen des Partners wie auch diejenigen des Kindes spielen eine große Rolle.

Und wie steht es mit den Patchworkvätern? Tatsächlich haben Väter einen Vorteil, wenn sie in eine Patchworkfamilie hineingehen: Sie haben schon bei ihren biologischen Kindern die

Erfahrung gemacht, dass der Bindungsaufbau anders funktioniert als bei der Mutter. Denn während der Phase der Schwangerschaft sind viele Väter beobachtende Begleiter. Sie freuen sich, sie umsorgen die werdende Mutter, aber sie sehnen doch den Tag der Geburt herbei, damit das kleine Wunder endlich konkret wird. Denn sie können die Kindsbewegungen nicht spüren, sie haben keinen sich verändernden Körper, keine Hormonausschüttungen, die Gefühlsachterbahnen veranlassen. Sie beobachten diese Veränderungen an den Partnerinnen, fühlen sich damit mehr oder weniger wohl, aber das Kind bleibt während der Schwangerschaft eben doch verborgen und wenig nah. Mit der Geburt sind die Papas dann gefordert, eine Verbindung herzustellen, und merken auch hier: So einfach ist das nicht. Die innigen Momente des Stillens fehlen beispielsweise, eigene Rituale müssen gefunden werden. Sprich: Papas sind geübter, für sich selbst Beziehungs- und Bindungsrituale zu definieren, und dies kommt ihnen in Patchworksituationen oftmals zu Hilfe. Sie erwarten weniger, fühlen sich nicht so unter Druck gesetzt, sofort anerkannt zu werden, sondern beobachten erst einmal. Sie sind zurückhaltender, geben den Kindern und sich selbst Zeit. Und sie entscheiden sehr viel eigenmotivierter, in welche Rolle sie hineingehen wollen. Patchworkmamas hingegen sehen sich der erzieherischen Funktion und der sozialen Fürsorge deutlich stärker verpflichtet.

Aber woher kommt dieser Druck, den wir uns als Stiefeltern machen? Aus meiner Sicht ist auch hier der ständige Vergleich mit der Kernfamilie ausschlaggebend. Viele Patchworkfamilien orientieren sich an den Strukturen der Kernfamilie, ohne sich bewusst zu sein, dass sie eben ein ganz anderes Familienmodell mit spezifischen Eigenlogiken haben. An die Stelle der biologischen Elternschaft tritt die soziale Elternschaft. Das bedeutet einerseits natürlich, dass bestimmte Grundmuster, die die Natur in der biologischen Elternschaft vorsieht, nicht greifen. Auf der anderen Seite bedeutet dies aber auch eine große Freiheit. Je früher wir uns bewusst machen, dass wir in einer Patchworkfamilie völlig unterschiedliche Ausgangsbedingungen im Beziehungsgefüge zwischen Eltern, Stiefeltern und Kindern haben, desto früher können wir damit beginnen, individuelle Beziehungen aufzubauen und tatsächlich auch zu akzeptieren, dass diese Beziehungen von Person zu Person unterschiedlich sind.

> Es ist notwendig, dass wir mit der gesellschaftlichen Erwartung brechen und uns als Stiefeltern nicht mehr hinter einer Fassade stetiger positiver Emotionen verstecken.

Denn nur wenn wir ehrlich zu uns selbst sind, können wir auch eine Veränderung in unserer Stiefeltern-Stiefkind-Beziehung vorantreiben. Aus meiner Sicht ist es gar nicht notwendig, dass wir uns mit der Frage der bedingungslosen Liebe zu unseren Stiefkindern auseinandersetzen, entscheidend ist vielmehr, dass wir eine respektvolle und fürsorgliche Beziehung zu ihnen aufbauen. Im besten Fall sogar auf Gegenseitigkeit, denn auch für uns ist es eine große Erleichterung, wenn wir spüren, dass unsere Stiefkinder uns respektieren und sich um unser Wohlergehen sorgen. Das können sie aber nur, wenn wir es ihnen vorleben. Es ist wichtig, zu erkennen, dass dies in den meisten Fällen kein linearer Prozess ist, sondern dass ambivalente Gefühle an der Tagesordnung sind. Ich hätte nie gedacht, dass ich gegenüber Kindern so unterschiedliche Gefühle wie Zuneigung, Wut, Zärtlichkeit, Distanz und Enttäuschung empfinden könnte – bis ich Stiefmutter wurde.

Denn eines ist klar: Der »Clash of Cultures«, den Stiefkinder mit sich bringen, erhöht die persönliche Belastung enorm. Die eigene Unsicherheit trifft auf Ängste oder Ablehnung der Kinder, mal mehr, mal weniger ausgeprägt. Oder einfach dadurch, dass die Kinder da sind, ihre eigenen Erwartungen, Zeitstrukturen, Hobbys und Freizeitaktivitäten haben, die nun mit eingeplant werden müssen. Hinzu kommt: Wenn wir uns in den neuen Partner oder die neue Partnerin verlieben, heißt das nicht zwangsläufig, dass wir uns auch in die dazugehörigen Kinder verlieben. Es ist – wie bereits erwähnt – nicht notwendig, Stiefkinder (bedingungslos) zu lieben. Es sind komplexe Beziehungen, die Zeit und Mühe brauchen, um zu wachsen und sich zu entwickeln. Ambivalente Gefühle bei Stiefeltern sind normal und sollten nicht als persönliches Versagen gewertet werden. Vielmehr ist es hilfreich, sich eine Beziehungskette vor Augen zu führen und sich zu fragen: Mit wem bin ich wie lange und aus welchem Grund direkt verbunden?

In meinem Beispiel sind das an erster Stelle meine Kinder, beides Wunschkinder, die ich geboren habe und zu denen ich eine unterschiedliche, aber sehr enge Beziehung habe. Gerade die Trennung von ihrem leiblichen Vater hat uns noch enger zusammengeschweißt. Wir sind eine Einheit, wir können uns aufeinander verlassen. Bei meinen Stiefkindern ist es ähnlich. Nur teilen sie diese Erfahrung nicht mit mir, sondern mit ihrer leiblichen Mutter. Aus dieser Erfahrung ist natürlich auch bei ihnen eine Hierarchie entstanden: die Mutter als Hauptbezugsperson, der Vater, den man trotz Trennung im Leben nicht missen möchte, die Stiefgeschwister, weil sie unvoreingenommen sind, und an letzter Stelle die Stiefmutter. Das hat nichts mit »mögen oder nicht mögen« zu tun. Meine Stiefkinder zeigen mir immer wieder, wie sehr sie mich mögen und dass sie mich absolut akzeptieren. Aber allein durch diese Rangfolge gibt es natürlich emotionale Abstriche. Mein früherer Ärger oder meine Enttäuschung hatten oft damit zu tun, dass ich mich von meinen Stiefkindern zu wenig wahrgenommen fühlte, dass meine emotionale Zuwendung zu ihnen nicht erwidert wurde. Seit ich mich auch hier stärker selbstreflektiere und diese Beziehungskette für mich visualisiert habe, das heißt die Hierarchie einer natürlichen Loyalität aufgemalt habe, sind diese negativen Gefühle nicht mehr vorhanden. Für mich persönlich ist es eine enorme Leistung, dass ich eine bewusste Entscheidung für ein Leben mit meinen Stiefkindern getroffen habe. Diese bewusste Entscheidung stelle ich heute genauso wenig infrage wie die Entscheidung, selbst Kinder zu haben. Das merke ich zum Beispiel daran, dass ich immer versuche, Hindernisse für alle vier Kinder aus dem Weg zu räumen. Egal, ob es Probleme in der Schule, im Hort oder mit Freunden gibt, ich lasse mir etwas einfallen, um sie zu unterstützen. Ich würde sagen, das ist eine Form von Liebe. Aber ich mache mir keinen Druck mehr. Wenn man sich stattdessen auf Respekt, Fürsorge und offene Kommunikation konzentriert, kann man eine unterstützende und stabile Beziehung zu den Stiefkindern aufbauen, die genügend Raum lässt, um miteinander und aneinander zu wachsen.

»Mein Stiefkind mag mich nicht und sagt das auch immer wieder – was kann ich tun?«

Zunächst einmal: Fühlen Sie sich gedanklich gedrückt und umarmt, denn ich kann sehr gut nachempfinden, wie Sie sich fühlen, wenn Ihnen diese Frage durch den Kopf geht. Wahrscheinlich gibt es auf der Welt nur wenige Stiefelternteile, die nicht irgendwann im Verlauf ihres Patchworkfamilienlebens diese unschöne Erfahrung gemacht haben. Wichtig ist aber auch: In den meisten Fällen hat die mangelnde Sympathie des Stiefkindes überhaupt nichts mit Ihnen als Person zu tun, meist ist es noch nicht einmal mangelnde Sympathie. In vielen Fällen ist es ein natürlicher Schutzmechanismus des Kindes. Meist mag das Kind die Rolle, die Sie einnehmen, nicht, es mag das Gefühl nicht, dass ein geliebter Elternteil vermeintlich durch Sie ersetzt wird oder dass der Elternteil, mit dem man bisher ganz hervorragend allein gelebt hat, auf einmal einen neuen Partner bzw. eine neue Partnerin an der Seite hat. Manchmal mag es auch das damit verbundene Gefühl nicht, nun zum Kind herabgewürdigt worden zu sein, so seltsam das auch erst einmal klingt. Leider werden aber viele Kinder gerade bei alleinlebenden Elternteilen zu Ersatzpartnern gemacht und erleben damit eine Veränderung der Beziehungsebene. Umso schwieriger ist es dann für sie, einzusehen, dass nun tatsächlich ein neuer Partner da ist und sie wieder auf die Eltern-Kind-Ebene zurückgestellt werden. Gerade weil es oft so schwer ist, dem Elternteil zu sagen, dass man von ihm enttäuscht ist oder sich ausgenutzt fühlt, kann man sich sehr viel leichter an einer Person abarbeiten, die man noch nicht so gut kennt, zu der man eine oberflächliche oder nur flüchtige Bindung hat, kurz: die man zum Sündenbock erklären kann!

Auch wenn es schwerfällt: Versuchen Sie, diese Situation für einige Zeit auszuhalten, ziehen Sie sich nicht zurück. Denn das wäre ein falsches Signal für das Kind. Es würde bedeuten, dass Sie sich auf den vermeintlichen Konkurrenzkampf eingelassen haben – und das sollten Sie auf keinen Fall tun! Vielmehr müssen Sie zeigen, dass Sie überhaupt nicht bereit sind, einen Konkurrenzkampf auszutragen, weil es für Sie schlicht keine Konkurrenzsituation gibt. Sie bewegen sich auf unterschiedlichen Beziehungsebenen, und das müssen Sie dem Kind, vielleicht aber auch Ihrem Partner bzw. der Partnerin klarmachen. Denn je mehr er oder sie dabei unterstützt, desto schneller kann das Kind auch erkennen, dass Sie ihm seinen Platz nicht streitig machen wollen. Das klingt vielleicht in manchen Ohren zu rosarot. Ich kann Ihnen an dieser Stelle aber versichern, dass es auch in meiner Beziehungsgestaltung zu meinen Stiefkindern Situationen gab, an denen ich fast verzweifelt wäre und wo ich überzeugt war, dass wir diese Spirale aus Wut und Ablehnung nicht überwinden werden. Besonders gut kann ich mich dazu an einen der ersten längeren Urlaube erinnern. Er führte uns nach Italien. Ich hatte mich sehr auf diese gemeinsame Familienzeit gefreut, auf ein intensiveres Kennenlernen und das Weiterknüpfen an unserem Familienteppich. Meine Stiefkinder hatten vor diesem gemeinsamen Urlaub bereits einen mehrwöchigen Urlaub mit ihrer Mutter absolviert, der ihnen sehr gut gefallen hatte und von dem sie sehr vergnügt berichteten. Dennoch schien meine Stieftochter irgendwie verändert zu sein, sie verhielt sich mir gegenüber ungewöhnlich distanziert, war in sich gekehrt und weit weniger lebhaft als sonst. Ich schob es auf die Trennung von der Mama und regte an, dass sie jeden Tag kurz mit ihrer Mutter telefonieren sollte. Allerdings entspannte das die Situation keinesfalls. Ich durfte ihr auf einmal nicht mehr vorlesen beim Einschlafen, sie auch nicht mehr umarmen. Ihr Geburtstag fiel genau in diesen Urlaub, und natürlich gaben wir uns alle Mühe, diesen Tag besonders schön für sie zu gestalten. Jedoch war ich an diesem Tag für sie Luft. Sie wollte mein Geschenk nicht annehmen, sprach entweder gar nicht mit mir oder nur sehr aggressiv. Trotz allem Verständnis für das Hin-und-Hergerissen-Sein der Kinder, das Vermissen der leiblichen Mutter am Geburtstag, für mich war das ein Schlag ins Gesicht. Wenngleich mein Partner versuchte, mit seiner Tochter darüber zu reden, was in ihr vorging und warum sie sich so verhielt, die Situation spitzte sich immer mehr zu. Ich fühlte mich völlig alleingelassen und hilflos.

Die Phase der Ablehnung durchlebten wir noch einige Wochen. Ich kann mich an viele Zettelchen mit »Ich hasse Nina« erinnern, die ich im Urlaub und auch später in ihrem Zimmer fand. Obwohl ich ein analytischer Mensch bin, der das Verhalten von Kindern durchaus einzuordnen weiß, obwohl ich die Forschungsliteratur zum Verhalten von Kindern aus Trennungsfamilien gut kenne: Als ich auf einmal selbst betroffen war, konnte auch ich meine Emotionen nicht ausschalten. Ich ertappte mich dabei, dass ich das Kind auf einmal mit anderen Augen sah, und es fiel mir zunehmend schwer, mir den Satz vorzusagen: »Sie kann nichts dafür!«

Heute bin ich aber froh, dass ich von diesem Satz nicht abgelassen habe. Dass ich mir selbst an den schrecklichsten Tagen immer wieder vor Augen gehalten habe, dass die Ablehnung meiner Stieftochter mit mir als Person nichts zu tun hat, sondern dass es eine Reaktion auf die gesamten Veränderungen in ihrem Leben ist und ihre eigene Unsicherheit im Umgang mit mir und mit der Beziehungsgestaltung zu ihrer Mutter war. Ich bin froh, dass ich mich nicht habe entmutigen lassen und das Gespräch mit ihr gesucht habe, das sehr direkt, sehr schonungslos, aber auch heilsam für uns beide war. Denn zum ersten Mal hatte meine Stieftochter die Möglichkeit, mir ihre Zerrissenheit mitzuteilen. Die quälende Frage, ob sie mich denn überhaupt gernhaben dürfte oder ob sie damit einen Verrat an ihrer Mutter begehe, stand im Zentrum unseres Gesprächs. Ihre Angst davor, die eigene Mutter, die damals noch keinen neuen Partner hatte, zu enttäuschen, weil sie mich doch eigentlich gern mochte. Ich bin mir ganz sicher, dass meine Stieftochter in dieser Zeit Höllenqualen durchlebte. Wie gern hätte ich ihr das erspart und konnte es aber nicht.

Dieses gemeinsame Gespräch hat nicht von einem Tag auf den anderen ihr Verhalten geändert, es gab immer wieder Phasen, in denen sie innerlich und äußerlich gegen mich kämpfte, weil sie sich mit ihrer Beziehung zu ihrer Mutter auseinandersetzte. Es hat aber dazu beigetragen, meine Strategien im Umgang mit meinen Stiefkindern zu überdenken bzw. mich dazu veranlasst, mir überhaupt Strategien für diese Beziehungsgestaltung zu überlegen.

Mir wurde klar, dass eine Beziehungsgestaltung in Patchworkfamilien eben nicht dem natürlichen Lauf der Kernfamilie folgt, sondern man auch hier eine eigene Vorgehensweise etablieren muss.

Wenn es tatsächlich so ist, dass Antipathie gegen Sie als Person vorliegt, dann kann man dieser ebenfalls nur mit viel Geduld begegnen und im besten Fall mit einer guten Freundin, einem guten Freund oder einem anderen einfühlsamen Menschen im näheren Umkreis, der einen in die Arme nimmt. Schön ist es auch, wenn der Partner bzw. die Partnerin dazu in der Lage ist, in vielen Fällen sind sie es aber nicht. Denn die Erkenntnis, dass das eigene Kind die Person, die man selbst liebt, ablehnt, ist für viele Elternteile schwer zu ertragen. Deshalb beharren auch nicht wenige Partner:innen darauf, dass man sich da nur etwas einreden würde und alles viel zu ernst nehme bzw. alle verkompliziere. Lassen Sie sich das nicht einreden! Wir Stiefelternteile haben ein feines Gespür für die Ablehnung durch unsere Stiefkinder, und selbstverständlich müssen wir diese ernst nehmen, denn wir werden die nächsten Jahrzehnte zusammen verbringen.

Ich persönlich bin auch kein Fan der »Es-geht-schon-vorbei«-Floskel. Denn wir können etwas dafür tun, dass es unseren Stiefkindern leichter fällt, uns zu akzeptieren. Erster und wichtigster Schritt: Suchen Sie sich mit Ihrem Stiefkind eine ruhige Ecke, in der Sie ungestört sprechen können. Bei Kindern ab dem sechsten Lebensjahr kann man dann durchaus mitteilen, dass man das Gefühl hat, dass das Kind einen nicht mag. Dass dies aber überhaupt nicht schlimm ist, weil man eben auch nicht alle Menschen gleich gern haben kann. Dies wird Ihr Stiefkind erst einmal in Erstaunen versetzen, denn es ist absolut ungewöhnlich, dass Kinder bestimmte Antipathien auch einmal ausleben dürfen. Vielleicht wird Ihr Stiefkind darüber sehr irritiert sein, in vielen Fällen (vor allem bei Jugendlichen) wird die Erleichterung aber spürbar. Setzen Sie in diesem Gespräch aber auch eine Respektregel fest: »Du musst mich nicht mögen, aber wir beide müssen respektvoll miteinander umgehen.« Jüngere Kinder haben oftmals Schwierigkeiten, den Begriff »Respekt« zu definieren. Hier kann man gut mit Beispielen arbeiten:

»Respekt bedeutet beispielsweise, dass wir beide uns ausreden lassen und einander auch zuhören. Du kannst also nicht einfach versuchen, Papa und mich zu unterbrechen, wenn wir uns unterhalten. Und ich kann nicht einfach aufstehen und die Teller abräumen, während du von deinem Tag erzählst.«
»Respektvoll gehen wir miteinander um, wenn du nicht einfach deine Schokopapierchen auf den Boden fallen lässt, damit ich sie aufheben muss, sondern du machst das direkt selbst. Umgekehrt bedeutet Respekt aber auch, dass ich mich dafür bedanke, dass du dein Geschirr in die Spülmaschine einräumst.«

Vermeiden Sie es, diese Respektregel vorzugeben, sondern überlegen Sie gemeinsam mit Ihrem Stiefkind, wie es Ihnen beiden gelingen kann, einen respektvollen Umgang miteinander zu praktizieren. Eine hohe Wirkung hat dabei auch das kleine Wort »Danke«, probieren Sie es einfach einmal aus. Bedanken Sie sich bei Ihrem Stiefkind für die kleinsten Anzeichen der Veränderung. Ihr Stiefkind würdigt das von Ihnen zubereitete Abendessen? Bedanken Sie sich und zeigen Sie deutlich, wie sehr Sie das freut! Sie können Ihre Meinung endlich einmal aussprechen, ohne von Ihrem Stiefkind sofort wütend unterbrochen zu werden? Machen Sie Ihr Stiefkind darauf aufmerksam, wie schön Sie das fanden. Die Kraft der Dankbarkeit wird in unserer schnelllebigen und oftmals oberflächlichen Gesellschaft sehr unterschätzt. Je öfter wir aber Danke sagen, desto mehr verändert sich unsere Haltung und Einstellung. Denn Dankbarkeit ist eine bewusste Anerkennung positiver Dinge in unserem Leben, egal, wie unbedeutend sie für andere Menschen vielleicht auch sein mögen. Je öfter wir Danke sagen, desto mehr bleiben uns diese positiven Erfahrungen in Erinnerung. Genau das brauchen wir in unserer Stiefeltern-Stiefkind-Beziehung. Deshalb können wir diese Dankbarkeit bewusst üben, damit wir eine positive Transformation erleben. Das wird nicht sofort gelingen, das braucht Zeit. Aber es ist ein wichtiger und eigentlich einfacher Schritt zu einer positiven Beziehungsgestaltung zwischen Stiefkind und Stiefelternteil.

Zugleich müssen wir auch lernen, uns einzugestehen, dass es in der Stiefeltern-Stiefkind-Beziehung Probleme geben kann, die wir aus eigener Kraft nicht lösen können. Es gibt durchaus Anzeichen, bei denen professionelle Hilfe in Anspruch genommen werden sollte. Ein solches Anzeichen sind anhaltende und sich verschärfende Konflikte, die entweder bei Ihrem Stiefkind oder bei Ihnen (oder bei beiden) zu sehr starken emotionalen Ausbrüchen führen (Weinkrämpfe, Wutausbrüche, Selbstverletzungen oder die Zerstörung von Gegenständen zum Beispiel). Da solche anhaltenden Konflikte das Funktionieren der Stieffamilie erheblich beeinträchtigen, ist es sinnvoll, hier direkt professionelle Hilfe in Anspruch zu nehmen. Ebenso können auch starke emotionale Belastungen oder Verhaltensauffälligkeiten des Stiefkindes ein Grund sein, die Beziehungsgestaltung in die Hände erfahrener Expert:innen zu legen. Eine Therapeutin oder ein Therapeut kann helfen, diese Emotionen besser zu verstehen und gesunde Bewältigungsstrategien zu entwickeln. Professionelle Unterstützung ist auch dann besonders wichtig, wenn Sie oder Ihr Stiefkind körperlich oder geistig nicht in der Lage sind, auf Augenhöhe miteinander zu kommunizieren. Denn dieses Ungleichgewicht macht einen respektvollen Umgang miteinander besonders schwierig. Hier braucht es unbedingt die Hilfe von geschulten Expert:innen, die zeigen, welche Form der Kommunikation und Interaktion gelingen kann. Das Thema Pflegebedürftigkeit (sowohl von Stiefeltern als auch von Stiefkindern) in Patchworkfamilien wird derzeit nur in wenigen Ratgebern thematisiert. Pflegebedürftigkeit führt jedoch zu einer deutlichen Konfliktverschärfung, da insbesondere für den Stiefelternteil die zeitliche oder auch finanzielle Belastung steigt, verbunden mit der emotionalen Herausforderung, für ein nicht leibliches Kind Pflegeverantwortung übernehmen zu müssen. Erkrankungen des Stiefelternteils stellen für die Stiefkinder eine ebenso große Herausforderung dar. Bedeutet dies doch, dass der leibliche Elternteil noch weniger Zeit für sie hat, dass Freizeit und Urlaub eingeschränkt sind, dass sich der Alltag oft drastisch verändert und dass vielleicht auch im Haushalt zusätzliche Aufgaben übernommen werden müssen. Auch hier ist professionelle Beratung und gegebenenfalls Unterstützung wertvoll.

Häufige Stolpersteine in einer Patchworkfamilie

Konkurrenzdenken und Eifersucht

Kennen Sie das auch? Sie laufen neben Ihrem Partner beim Spaziergang, und sofort drängelt sich ein Kind dazwischen. Sie nehmen Ihr Stiefkind an die Hand, und sofort hängt sich das eigene Kind an den anderen Arm, obwohl es eigentlich schon viel zu groß ist zum Händchenhalten und das sonst immer rigoros abgelehnt hatte ... Nur zwei Beispiele aus meinem Familienalltag, gerade in der Orientierungsphase unserer Patchworkfamilie.

Aus meiner Sicht ist die Patchworkfamilie deshalb ein besonders anfälliges und fragiles Familienmodell, weil es auf allen Beziehungsebenen Konkurrenzdenken und Eifersucht als Stolpersteine gibt. Aber auch hierüber wird viel zu wenig offen gesprochen. Diese Stolpersteine finden sich in der Partnerschaft, in der Beziehung zu den eigenen Kindern und auch zu den Stiefkindern. Es sind Emotionen, die alle Familienmitglieder in den unterschiedlichsten Kontexten immer wieder verspüren, nur macht sich leider kaum jemand die Mühe, diese Komplexität innerhalb der Familie auch anzusprechen. Dabei wäre es doch so viel einfacher, wenn wir als Elternteile auch zugeben würden, dass wir eifersüchtig sind oder manchmal das Gefühl haben, um die Liebe des Partners bzw. der Partnerin oder auch um die Liebe der Kinder konkurrieren zu müssen. Denn rein faktisch müssen wir das ja. Wir konkurrieren mit dem Expartner bzw. der Expartnerin um die Liebe der eigenen Kinder, mit dem neuen Partner oder der neuen Partnerin sowie dem anderen leiblichen Elternteil um die Liebe der Stiefkinder, wir sind eifersüchtig auf die frühere Beziehung des Partners bzw. der Partnerin, entwickeln ein Konkurrenzdenken, weil wir merken, dass die Expartner sich so leicht aus dem Leben nicht eliminieren lassen, wenn Kinder vorhanden sind. Unsere Kinder konkurrieren ebenfalls um die Liebe zu den Elternteilen, nun nicht mehr nur mit leiblichen Geschwistern, sondern auch mit Stiefgeschwistern. Sie entwickeln ebenso ein Konkurrenzdenken, weil sie auch mal allein Zeit mit Mama oder Papa verbringen wollen, während jetzt aber immer auch dieser neue Stiefelternteil da ist, und vielleicht sogar noch Stiefgeschwister.

Der erste Schritt, diese Stolpersteine aus dem Weg zu räumen, ist tatsächlich, sie offiziell anzuerkennen. Ich glaube nicht, dass es Patchworkfamilien gibt, in denen Eifersucht und Konkurrenzdenken keine Rolle spielen. Zumindest bin ich weder in meinem Bekanntenkreis noch bei meinen Recherchen auf eine solche Familie gestoßen. Im Gegenteil: Die verschiedenen Patchworkkonstellationen fördern häufig negative Emotionen wie Eifersucht oder Konkurrenz.

Eifersucht ist tatsächlich ein emotionaler Schmerz, also eine Negativreaktion auf eine ausbleibende Zuwendung, die man sich von einer Person in einer bestimmten Situation erhofft hatte. Eine andere Person bekommt also die Form der Zuwendung, die ich gerade gebraucht hätte, und dementsprechend reagiere ich mit Negativemotionen wie Wut oder Traurigkeit. Insofern halte ich den Ausspruch »Ein gesundes Maß an Eifersucht schadet doch nicht« für völlig falsch, weil es Menschen, die einem wichtig sind, dazu bringt, sich unwohl zu fühlen, oder dazu veranlasst, Dinge zu tun, die sie eigentlich nicht tun wollen. Im Patchworkfamilienkontext ist es aus meiner Sicht besonders wichtig, sich deutlich zu machen, dass Eifersucht eben nicht nur zwischen den unterschiedlichen Geschwisterkonstellationen existiert, sondern auch zwischen den unterschiedlichen Eltern-Kind-Konstellationen. Gerade wenn die Stiefkinder nicht regelmäßig im Patchworkkontext sind, sondern nur jedes zweite Wochenende oder in den Ferien, dann wächst oft ihre Eifersucht. Das Gefühl, viel verpasst zu haben, bei bestimmten Dingen nicht mitreden zu können oder auf einem Ausflug nicht dabei gewesen zu sein, war und ist beispielsweise für meine beiden Stiefkinder besonders schlimm.

Gerade dieses Gefühl, viel verpasst zu haben oder von gemeinsamen Unternehmungen ausgeschlossen gewesen zu sein, führt oft zu einer Eifersuchtsreaktionskette. Dies kann darauf zurückgeführt werden, dass die Kinder einerseits in der kurzen Zeit so viel Nähe wie möglich zum getrennt lebenden Elternteil spüren wollen und sich deshalb fast schon körperlich zwischen sie und alle anderen Familienmitglieder drängen. Andererseits wollen viele Elternteile diese Wochenenden dann auch zu etwas Besonderem machen und sprengen damit die familiären Routinen und Planungen, die sonst vorherrschen. Dadurch entsteht eine Konkurrenzsituation zwischen den besonderen eigenen Kindern und dem alltäglichen Rest der Patchworkfamilie, der oft für Unstimmigkeiten gerade zwischen den Partner:innen sorgt. Wichtig ist, sich als Eltern bewusst zu machen, dass sich diese Eifersucht nicht von selbst in Luft auflösen wird und dass man den Kindern nichts Gutes damit tut, diese Eifersucht zu ignorieren oder auch zu bestrafen. Vielmehr ist es wichtig, die Gründe für die Eifersucht zu erfragen, allen Familienmitgliedern auch ein gewisses Grundverständnis bei eifersüchtigem

Verhalten entgegenzubringen und dennoch klare Grenzen zu ziehen: Denn Eifersucht darf kein Stolperstein für die Patchworkfamilie werden.

Wie also kann man offen über Eifersucht und Konkurrenzdenken kommunizieren? Je nach Alter der Kinder könnte man beispielsweise mit der Methode »Familienkonferenz« arbeiten, die ich bereits im Kapitel »Die Flicken werden zusammengesetzt: Die Phasen des Patchworkfamilienlebens« vorgestellt habe. Da es für die Kinder (aber auch für viele Erwachsene) schwer ist, über Gefühle, vor allem über negative Emotionen zu sprechen, kann man hier visualisierbare Hilfestellungen nutzen. So kann man beispielsweise ein großes Plakat anfertigen, auf dem alle Familienmitglieder in einem gewissen Abstand zueinander aufgeführt sind. Zwei Farben werden festgelegt, die eine steht für Eifersucht, die andere für Konkurrenz. Nacheinander haben die Familienmitglieder dann die Möglichkeit, in aller Ruhe mit Linien zu verdeutlichen, auf wen sie eifersüchtig sind und mit wem sie konkurrieren. Kurze Stichpunkte können ebenfalls dazugeschrieben werden. In einer gemeinsamen Diskussion dürfen alle nacheinander dann erläutern, warum sie diese Gefühle empfinden. Ziel ist es dabei gar nicht, eine Lösung zu finden, sondern diese Emotionen einmal klar auszusprechen. Denn Sie werden sehen: Sobald alle einmal darüber sprechen, fühlt man sich viel weniger allein und die negativen Emotionen lösen sich teilweise von selbst auf. Auf keinen Fall sollten Sie in dieser Runde schon darüber sprechen, was man dagegen tun kann. Vielmehr sollten alle Zeit haben, um über diese gemeinsame Runde nachzudenken. Oftmals verändern gerade Jugendliche und Erwachsene ihr Verhalten allein aufgrund einer solchen gemeinsamen Runde. Und die Kinder? Die brauchen vor allem eines: Zeit, das Gefühl, dass sie offen kommunizieren dürfen, sowie die Akzeptanz, dass sie auch mal eifersüchtig sein dürfen.

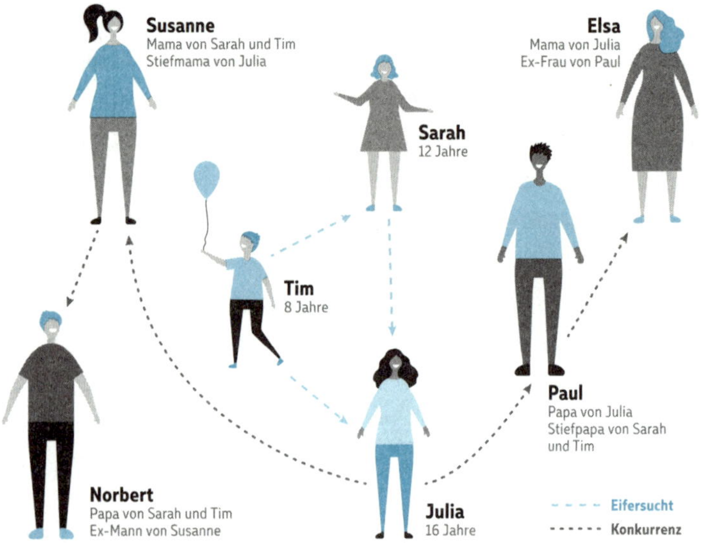

Das Bild zeigt, wie eine solche Visualisierung aussehen und helfen kann. In diesem Fall handelt es sich um eine Patchworkfamilie, in die beide Partner:innen Kinder eingebracht haben. Es ist klar zu erkennen, dass beide Partner:innen das Gefühl haben, in einer Konkurrenzsituation zu den beiden anderen leiblichen Elternteilen zu stehen. Die älteste Tochter Julia macht deutlich, dass sie sich sowohl zu ihrer Stiefmutter als auch zu ihrem Vater Paul in einer Konkurrenzsituation sieht. Sie begründet dies in der Diskussion damit, dass sie sich mit ihren 16 Jahren natürlich viele Gedanken über die Liebesbeziehung der beiden macht und warum die Liebesbeziehung zwischen ihren leiblichen Eltern nicht geklappt hat. Tim ist mit seinen acht Jahren wiederum eifersüchtig auf beide Schwestern und macht in der Diskussion keinen Unterschied zwischen leiblicher und Stiefschwester. Insgesamt findet er, dass die Mädchen immer bevorzugt werden und viel mehr Freiheiten haben als er. Die zwölfjährige Sarah wiederum hat kein Problem mit ihrem leiblichen Bruder Tim, ist aber eifersüchtig auf ihre Stiefschwester Julia, weil diese von ihrer leiblichen Mutter ständig neue Kleider bekommt … Ein kleines Blatt Papier kann so viel bewirken. Als Patchworkfamilie wissen nun alle um die Gefühle der anderen und können an sich, aber auch am Umgang miteinander arbeiten. Was können wir nun mitnehmen?

- Jedes Familienmitglied braucht individuelle Aufmerksamkeit, egal ob Kinder oder Elternteile. Es kann helfen, diese Individualzeiten fest einzuplanen, gerade wenn die Kinder noch klein sind und die Betreuungsintensität dementsprechend hoch ist. Es spricht überhaupt nichts dagegen, sich als Eltern einen Paarabend zu reservieren – zumindest ein- bis zweimal im Monat.
- Es ist absolut illusorisch, alle Kinder in allen Dingen gleich zu behandeln. Jedes Kind hat unterschiedliche Interessen und Neigungen, die dementsprechend gefördert werden. Jedes Kind legt Wert auf andere Dinge. Es lohnt sich, eine Familienkonferenz dafür zu nutzen, diese Buntheit einmal aufzuzeigen und auch zu verdeutlichen, warum man eben nicht allen Wünschen nachkommen kann. Je nach Alter der Kinder können diese aber eigene Schwerpunkte setzen und entscheiden, was ihnen im nächsten halben Jahr oder Jahr wichtig ist. Dazu gehören materielle Wünsche (da müssen wir uns nichts vormachen …) ebenso wie Zeitressourcen der Elternteile. Auch hier gilt: klar kommunizieren, das Thema offen ansprechen, aber auch darauf verweisen, wo die Grenzen des Möglichen liegen.

- Wenngleich es wichtig ist, dass größere Konflikte von Ihnen als Elternteile aufgegriffen werden, ist es gut für die Kinder, wenn sie frühzeitig lernen, ihre Konflikte untereinander selbst zu lösen. Denn auch das trägt zum Abbau von Eifersucht bei. Ein Kind, das ständig zu Mutti rennt, petzt und dafür auch permanent Aufmerksamkeit geschenkt bekommt, wird von den Geschwisterkindern immer weniger akzeptiert. Ermuntern Sie die Kinder dementsprechend, sich Gedanken über eigene Lösungsansätze zu machen, und dass es notwendig ist, Kompromisse zu schließen.

»Aber du bist *nur meine* Mama!«

Umgang mit der Dynamik zwischen Stiefgeschwistern und leiblichen Geschwistern

Die Beziehungen zwischen Stief- und leiblichen Geschwistern in Stieffamilien werden von verschiedenen Einflussfaktoren geprägt. So spielen das Alter der Geschwister, familiäre Bindungen und Loyalitäten, Rollenverteilungen und Hierarchien sowie gemeinsame Erfahrungen eine wichtige Rolle. Das Alter der Geschwister ist insofern relevant, als jüngere Kinder oft weniger Probleme haben, sich an neue Geschwister anzupassen, während Jugendliche mit Fragen der Identität und Autonomie konfrontiert sein können. Die Rollenverteilung und Hierarchie in der Familie kann sich durch die Ankunft neuer Geschwister verändern, was zu Konflikten oder Unsicherheiten führen kann. Darüber hinaus können gemeinsame und getrennte Erfahrungen der Geschwister dazu führen, dass sie sich unterschiedlich behandelt oder wahrgenommen fühlen.

Geschwisterbeziehungen in Stieffamilien können verschiedene Herausforderungen und Konflikte mit sich bringen. Rivalität und Eifersucht können entstehen, wenn Geschwister um Aufmerksamkeit, Ressourcen oder Zuneigung konkurrieren. Unterschiedliche Erziehungsstile und Regeln zwischen den Familien können zu Spannungen führen, da die Geschwister unterschiedliche Erwartungen und Grenzen erleben. Fragen der Identität und Autonomie können eine Rolle spielen, wenn Geschwister sich durch die neue Familienkonstellation in ihrer Selbstwahrnehmung und Identität beeinflusst fühlen. In unserem Fall gab es lange Zeit eine kleine Rivalität zwischen meiner Tochter und meinem Stiefsohn. Während meine Tochter in der alten Konstellation das Nesthäkchen war, nahm nun mein kleiner Stiefsohn diese Position ein. Einerseits genoss sie es, plötzlich die »Große« zu sein, andererseits merkte man an ihrem Verhalten deutlich, dass sie Schwierigkeiten hatte, sich an die Veränderung zu gewöhnen. Mal gab es hier einen kleinen Schubser, und der Kleine fiel hin, mal gab es dort einen Kniff in den Arm. Gern wurde ihm das Spielzeug weggenommen oder der Kleine einfach vor die Tür bugsiert, weil das Spiel »nur für Große« sei. Sehr oft fiel der Satz »Aber du bist nur *meine Mama*!«, wenn ich den Kleinen auf dem Arm hatte, fütterte oder badete.

Mein Sohn und meine Stieftochter, die in der alten Konstellation jeweils die Älteren gewesen waren, hatten mit der neuen Rollenverteilung weit weniger Probleme. Sie waren es gewohnt, dass es kleinere Geschwister gab, wenn auch die Zahl nun deutlich anstieg, was für meinen Sohn dann doch manchmal eine echte Herausforderung war. »Ich bin allein, und die sind zu dritt«, war oftmals seine Begründung, warum er an gemeinsamen Spieleabenden oder Ausflügen nicht teilnehmen wollte. Der große Altersabstand machte sich nun noch deutlicher bemerkbar. Während die drei Geschwister sich immer irgendwie miteinander eine gute Zeit machen konnten (vor allem weil der Kleinste generell das machte, was die beiden Mädels von ihm wollten), hatte mein Sohn bereits ganz andere Interessen.

Ein wichtiges verbindendes Element bei uns war der Sport. Während meine Kinder leidenschaftliche Schwimmer sind (wie ich), hatten meine Stiefkinder anfangs große Angst vor dem Schwimmenlernen. Zusammen mit meinen Kindern haben wir es geschafft, dass schließlich auch beide Stiefgeschwister das Seepferdchen machen konnten und gerade auch meine Stieftochter heute leidenschaftlich gern schwimmt. Ohne das Zutun meiner Kinder und deren emotionale Unterstützung wäre dies wahrscheinlich nicht geglückt. Alle vier Patchworkgeschwister unterstützen sich gegenseitig und lernen voneinander. Die Rollenverteilung ist beispielsweise auch dann aufgelöst, wenn es zum Klettern in die Boulderhalle geht. Hier geben meine Stiefkinder klar den Ton an, sie haben die Leidenschaft für das Klettern von ihrem Vater geerbt und bewegen sich flink wie kleine Äffchen an den Wänden entlang. Die beste Investition war die Anschaffung eines großen Trampolins für den Garten. Hier waren über Jahre hinweg alle Kinder anzutreffen, in den unterschiedlichsten Konstellationen.

Grundsätzlich erfordert die Bewältigung von Loyalitäts- und Rollenkonflikten zwischen Geschwistern in Patchworkfamilien Sensibilität, Geduld und eine einfühlsame Herangehensweise. Es gilt eigentlich auch hier die gleiche Regel wie in klassischen Kernfamilien: Nicht alle Geschwister kommen gleich gut miteinander aus und sind sich gleich nah. Annäherungen bzw. Entfremdungen sind als Prozess zu betrachten, das heißt, abhängig vom Lebensalter der Kinder wird es immer wieder Verschiebungen im geschwisterlichen Beziehungsgefüge geben.

STRATEGIEN, DIE BEZIEHUNGEN ZWISCHEN (STIEF-)GESCHWISTERN UNTERSTÜTZEN

Aus den reichhaltigen Erfahrungen unserer Patchworkfamilie gibt es einige Strategien, die sich besonders gut bewährt haben, um die Kinder einander näherzubringen und den Beziehungsaufbau zu unterstützen:

- **Gemeinsame Aktivitäten fördern:** Wie oben beschrieben, hat unsere Familie immer schon der Sport vereint. Ebenso verbringen mein Partner und ich gern Zeit in der Natur, und wir versuchten von Anfang an, unsere Liebe zu Bergen und Wäldern in unsere Patchworkfamilie hineinzutragen. Auch wenn es mittlerweile zunehmend schwerer wird, weil unsere drei Pubertierchen nicht mehr gern wandern, bemühen wir uns um einen gemeinsamen Ausflug pro Woche. Das hat sich in den Köpfen der Kinder eingegraben, jeden Freitag kommt daher die Frage: »Was machen wir dieses Wochenende?« Natürlich dürfen die Kinder bei der Wahl des Ausflugszieles mitbestimmen, unsere Vorgabe ist dabei stets, dass sie einen gemeinsamen Kompromiss finden müssen. Also wird hinter verschlossenen Zimmertüren abgewägt, wie weit die Wanderung ist, ob es auf dem Weg Einkehrmöglichkeiten gibt, ob man es verbinden kann mit Schlittenfahren oder einem Sprung in den kühlen See im Sommer. Und beim Wandern schweißt das gemeinsame Klagen über die anstrengende Strecke und die Frage »Wie lange noch?« die Kids ganz erheblich zusammen ...

Kreative Projekte verwirklichen bei uns meist die beiden Mädels zusammen, während die beiden Jungen ihre Fanleidenschaft für den örtlichen Fußballverein verbindet. Aber auch das ist wichtig: Nicht immer müssen und sollen alle etwas gemeinsam machen, sondern es tut gut, manchmal eben auch in wechselnden Konstellationen unterwegs zu sein und Interessen zu wirklichen. Was tatsächlich für den Aufbau der Geschwisterbeziehungen in unserer Patchworkfamilie sehr hilfreich war, war das Anlegen von kleinen Fotobüchern für jedes Kind sowie eines großen Familienalbums, das im Wohnzimmer platziert ist und gern immer mal wieder durchgeblättert wird. Bei den einzelnen Fotobüchern gehe ich mit jedem Kind regelmäßig unsere fotografierten Aktivitäten, Urlaube und Ausflüge durch und lasse sie entscheiden, was sie davon in ihr Album kleben wollen. Ich habe einen kleinen Fotodrucker angeschafft, und allein die Tatsache, dass die Fotos ausgesucht und selbstständig eingeklebt werden, sorgt bei uns seit vielen Jahren für Begeisterung. Hinzu kommt, dass die Kinder natürlich auch Fotos für ihre Zimmer ausdrucken können, und so sind mit der Zeit viele Fotos, die unsere Kinder gemeinsam zeigen, in die Kinderzimmer gewandert. Beim Durchblättern des gemeinsamen Familienalbums, das unsere Zeit als Patchworkfamilie von Beginn an dokumentiert, kommt oft die Frage »Warum bin ich denn da nicht auf dem Foto? Da habt ihr mich einfach vergessen«, und die zeigt mir, wie wichtig es allen mittlerweile ist, ein Bestandteil unserer Familie zu sein.

- **Ruhe bewahren und die Suche nach eigenen Konfliktlösungen unterstützen:** Auch wenn es schwer ist und die lautstarken Auseinandersetzungen zwischen den Kindern manchmal an die Nerven gehen: Oberstes Ziel für Patchworkeltern ist, Ruhe und Neutralität zu bewahren. Lassen Sie sich keinesfalls in die Streitigkeiten der Kinder verwickeln, indem Sie eine Position ergreifen. Ruhe und Gelassenheit der Eltern können den Kindern helfen, ihre Emotionen zu regulieren, und sie verdeutlichen gleichzeitig, dass sie nicht bereit sind, sich in die Konflikte hineinziehen zu lassen. Konkret bedeutet das für uns, dass wir in der Regel die Kids dazu anhalten, die Konflikte untereinander zu lösen, oder vorschlagen, Auszeiten voneinander zu nehmen. Bemerken wir, dass die Konfliktlösung auf der verbalen Ebene eskaliert, sich also der Streit zu gegenseitigen Beschimpfungen und persönlichen Angriffen hochschaukelt oder auch die Fäuste zum Einsatz kommen, verordnen wir diese Auszeiten, das heißt, die Kids werden für 30 Minuten in ihre Zimmer geschickt, um sich zu beruhigen und runterzukommen.

Gerade die gemeinsamen Mahlzeiten sind für uns eine gute Gelegenheit, um Versöhnungen anzuregen oder den Streithähnen Raum zu geben, ihre jeweilige Position zu schildern und zu überlegen, wie man den Streit beilegen kann. Was wir hierbei aber auch nicht tun, ist, eine Lösungsmöglichkeit festzulegen. Die Kinder sollen diese im Rahmen ihrer Möglichkeiten selbst suchen, auch wenn das manchmal etwas dauert, weil sie erst einmal mit sich und ihren Befindlichkeiten ins Reine kommen müssen. Selbstverständlich ist es für uns Eltern nicht leicht, nicht Partei zu ergreifen, und ganz klar erkennen auch wir, dass wir eher Verständnis für unsere leiblichen Kinder haben. Einfach weil man Sturheit, Dickköpfigkeit oder den Hang zur Rechthaberei mit Blick auf die eigene Ahnengalerie sehr viel besser erklären kann und sich dadurch auch ein Gefühl der Erleichterung einstellt. Das Bekannte lässt sich besser fassen und schneller erklären. Das konflikthafte Verhalten meiner Stiefkinder fordert mir hingegen viel mehr Grübeleien und damit auch Zeit ab. In welchen Situationen eskaliert es und warum? Welche Charakterzüge zeigen sich hier und wie komme ich damit klar? Für diese Fragen gibt es kein Lernen am Vorbild. Während ich im Sturköpfchen meiner Tochter meine Oma sehr gut wiedererkennen kann und dementsprechend auch weiß, wie ich dieser Sturheit begegnen und Konflikte auflösen kann, musste ich mir das bei meinen Stiefkindern erst erarbeiten.

- **Respektvollen Umgang fördern:** Bei allen Streitigkeiten hilft mir der Gedanke sehr, dass Konflikte zur menschlichen Interaktion ebenso gehören wie friedliches Miteinander. Konflikte helfen unseren Kindern folglich, wichtige Kompetenzen zu trainieren. Auf der einen Seite lernen sie, für ihre Interessen einzustehen und ihre Meinung zu verteidigen. Auf der anderen Seite trainieren Konflikte aber auch die Empathie der Patchworkgeschwister füreinander. Wichtig dabei ist, dass wir als Eltern immer ein Vorbild sind. Das bedeutet eben nicht, dass wir Konflikte vermeiden sollten, ganz im Gegenteil. Es wäre völlig unnatürlich für das Aufwachsen der Kinder, wenn sie von familiären Konflikten verschont würden. Aber wir können als Eltern darauf achten, dass wir mit Konflikten möglichst konstruktiv umgehen. Also beispielsweise aggressive oder abwertende Sprache vermeiden und nach fairen Lösungen suchen.

Einen respektvollen Umgang der Kinder untereinander kann man auch fördern, indem man ihnen zeigt, wie wichtig es ist, über Gefühle zu sprechen und die eigene Meinung zu erklären und nicht einfach ohne Wenn und Aber durchzusetzen. Ich trainiere das mit unseren Kindern ganz bewusst, wenn es zu Konflikten zwischen mir und ihnen kommt. Ein »Ich will aber!« akzeptiere ich tatsächlich nicht, sondern seit ihrem fünften Lebensjahr lege ich Wert darauf, dass sie mir – selbstverständlich altersgerecht – ihre Position und ihre Wünsche erklären. Sie müssen also immer begründen, warum ihnen ihre Perspektive oder ihr Wunsch so wichtig ist und was ein Nein von mir bei ihnen auslöst. Umgekehrt erkläre ich, warum bestimmte Dinge für mich nicht gehen oder ich mich mit bestimmten Vorhaben, Wünschen oder Ähnlichem unwohl fühle. Durch diese Strategie wird auch das aktive Zuhören trainiert, da man genau auf die Standpunkte des anderen achten muss, um eigene Erklärungen zu finden, und nicht einfach unterbrechen kann. Gemeinsames Ziel ist stets die Kompromissfindung. Die diskursive Auseinandersetzung mit mir lohnt sich also, weil man vielleicht nicht zu 100 Prozent die eigene Sicht oder den eigenen Wunsch durchsetzen konnte, aber man auch niemals eine Absage bekommt. Gerade meine beiden Söhne (17 und neun Jahre) sind richtig gut darin, mit mir zu verhandeln, und wenden das sehr geschickt mittlerweile auch bei Konflikten mit ihren Geschwistern an.

Ebenso ist es natürlich auch wichtig, dass die Geschwister gemeinsame Aktivitäten haben, ohne uns Eltern. Spielenachmittage haben sich da bei uns sehr gut bewährt, wenn es auch bei manchen Brettspielen immer wieder Streitigkeiten gibt. Allerdings schafft auch dies gemeinsame Erinnerungen. Meine Tochter, die früher bei »Mensch, ärgere dich nicht« schummelte bis zum Umfallen, meine Stieftochter, die bei »Monopoly« gern mal einen Griff in die Kasse riskierte, oder mein Sohn, der beim Spiel »Mogelmotto« die absurdesten Verstecke für seine Karten fand, das sind alles Erinnerungen, die bei den Kindern schon für viele Lacher gesorgt haben und reichlich Gesprächsstoff bei Treffen mit Freunden bieten. Irgendwie entwickelt sich hier ein regelrechter Stolz auf diese gemeinsamen Erfahrungen, und das schweißt unglaublich zusammen.

- **Regeln festlegen:** Sie werden es wahrscheinlich schon gemerkt haben, ich bin jemand, der viel von klaren Regeln hält. Nicht weil ich meine Kinder bevormunden möchte, sondern weil ich der Meinung bin, dass bei der Vielzahl unterschiedlicher Interessen und Meinungen in der Patchworkfamilie Regeln sehr hilfreich sein können. Dementsprechend gilt das bei uns auch bei Konflikten zwischen den Kindern. Schimpfwörter sind ein No-Go, körperliche Verletzungen auch. Ebenso gilt aber auch, dass alle das Recht haben müssen, ihre Meinung zu äußern, und diese auch Anerkennung finden muss. Diese Regeln gelten bei uns altersunabhängig, auch wenn es dem Kleinsten beispielsweise viel schwerer fällt, zu diskutieren, als sich mit einer körperlichen Attacke auf die Geschwister zu wehren. Auf der anderen Seite müssen sich die Großen eben auch seine Erklärungen (die oftmals sehr ausführlich sind) anhören, seine Meinung zählt völlig gleichberechtigt, auch wenn sie immer mal wieder gern über ihn bestimmen möchten.

»Wenn ich das gewusst hätte, dann …«

Patchwork braucht Gelassenheit

Viele Trennungseltern, die sich auf eine Patchworkkonstellation einlassen, merken schnell, wie aufwendig dieses Familienmodell ist. Es erfordert Kommunikation, Reflexion, ständigen Beziehungsaufbau und ein hohes Maß an Organisation. Sehr schnell fällt dann der Satz »Wenn ich das gewusst hätte, dann …«.

Auch in der kleinen Stiefelternstudie, die ich gemacht habe, um gut vorbereitet in dieses Buchprojekt zu gehen, habe ich die 30 teilnehmenden Stiefeltern gefragt, ob sie sich gegen die Patchworkfamilie entschieden hätten, wenn sie gewusst hätten, was alles auf sie zukomme. Was war wohl das Ergebnis? Immerhin die Hälfte der befragten Stiefelternteile bejaht diese Frage und würde sich mit dem heutigen Wissen wahrscheinlich nicht mehr auf diese Konstellation einlassen. Ebenso bejaht die Hälfte der Stiefeltern die Frage, ob sie, wenn sie die Zeit zurückdrehen könnten, zwar an der Paarbeziehung festhalten, sich aber nicht mehr auf die Patchworkkonstellation einlassen würden.

Das allein zeigt schon, wie herausfordernd eine Patchworkfamilie sein kann oder besser: wie herausfordernd sie in den meisten Fällen ist. Wir könnten uns jetzt darauf einigen, dass dies eigentlich ein K.-o.-Kriterium für das Modell Patchworkfamilie ist. Ich möchte aber darauf hinweisen, was sowohl von genervten

Patchworkmamas und -papas, Familienmitgliedern und Freunden als auch von manchen Expert:innen oft vergessen wird: Auch in den sogenannten klassischen Kernfamilien, also jenen Familienmodellen, in denen Mann und Frau verheiratet sind und nur mit ihren leiblichen Kindern zusammenleben, gibt es heute viele Ermüdungserscheinungen und eine wachsende Zahl von Menschen, die sich aufgrund familiärer Herausforderungen und Problemlagen mit ihrem heutigen Wissen gegen eine Familiengründung entscheiden würden. Zum Beispiel gibt es heute immer mehr Mütter, die sich in Blogs und anderen medialen Berichterstattungen offen darüber äußern, wie anstrengend die Mutterrolle, insbesondere die damit verbundenen gesellschaftlichen Erwartungshaltungen sind. Damit eng verbunden ist eine Mütterbewegung, die bewusst den Mut zur Unperfektheit in den Vordergrund stellt und das Bild der »Supermama«, die sowohl beruflich als auch privat stets 100 Prozent gibt, offen kritisiert und bewusst konterkariert. Ebenso gibt es immer mehr Mütter, die offen zugeben, dass sie sich gegen die Mutterrolle entschieden hätten, wenn sie gewusst hätten, welche Auswirkungen diese auf ihre Karrierechancen, ihr Selbstbestimmungsrecht oder auch ihre Partnerschaft haben würden. »Regretting Motherhood« nennt sich dieses Phänomen, das Orna Donath in einer ersten Studie aufgegriffen hatte[25] und das auch in der Sozialforschung zunehmend Beachtung findet.[26] Nicht zuletzt steigen Aufwand und Belastungsgrad mit zunehmender Zahl der Kinder. Großfamiliäre Kontexte sind herausfordernd, egal in welcher Zusammensetzung. Kinder haben unterschiedliche Entwicklungsstände und Bedürfnisse. Sie zeichnen sich durch unterschiedliche Charaktere aus, unabhängig davon, ob es sich um leibliche oder Stiefkinder handelt. Es braucht andere Kommunikationsformen, der Alltag wird schwieriger zu bewältigen,

Auszeiten werden seltener. Auch in einer Kernfamilie versteht man sich mit seinen Kindern nicht zu jeder Zeit gleich gut und wird umgekehrt von ihnen nicht immer gleich behandelt. Es gibt unzählige Veröffentlichungen, die Vätern, aber auch Müttern helfen sollen, damit umzugehen, dass sie nicht der bevorzugte Elternteil ihres Kindes sind.[27]

Der Unterschied liegt darin, dass sich Patchworkfamilien mit Fehleranfälligkeiten oftmals kritischer auseinandersetzen als andere Familienformen. Es fehlt die Gelassenheit, Dinge auch einfach mal laufen zu lassen und zu beobachten. Einem Großteil der Patchworkfamilien würde diese Gelassenheit aber guttun. Denn manchmal gilt: weniger kontemplieren, weniger analysieren und mehr beobachten! Gerade deshalb habe ich einige Strategien zusammengestellt, mit der Sie eine Form der Gelassenheit kultivieren können, die darauf basiert, Probleme nicht immer analysieren zu wollen, sondern die Dinge auch mal laufen zu lassen.

STRATEGIEN FÜR MEHR GELASSENHEIT

Loslassen lernen: Lernen Sie, Dinge loszulassen, die außerhalb Ihrer Kontrolle liegen. Akzeptieren Sie, dass nicht alles perfekt sein muss und dass es Situationen gibt, die Sie nicht ändern können. Konzentrieren Sie sich stattdessen auf das, was Sie beeinflussen können, und nehmen Sie den Rest gelassen hin. Beispielsweise hatte ich sehr lange daran zu knabbern, dass meine Stiefkinder sehr wenig körperliche Nähe zu mir haben möchten. Umarmungen oder dass sie sich mal auf meinen Schoß gesetzt hätten, als sie kleiner waren, so etwas kam sehr selten vor. Mit einiger Distanz bemerkte ich dann, dass sie diese emotionale Distanz nicht nur mir gegenüber zeigten, sondern auch bei ihrem Vater zurückhaltend waren. In einer perfekten Familie muss es doch auch körperliche Zuneigung geben, oder? Ich merkte, wie unbehaglich sich die Kinder fühlten, wenn wir versuchten, mit ihnen darüber zu sprechen, und gerade weil wir sie nicht zu etwas zwingen wollten, was sie nicht wollten, legten wir das Thema auf Eis. Das war eigentlich die beste Entscheidung, die wir treffen konnten. Denn so öffneten wir uns für ihre Form der emotionalen Nähe. Diese drückte sich zum Beispiel darin aus, dass mein Stiefsohn mit mir im Garten arbeiten wollte – etwas, wovor sich alle anderen Kinder mit allen möglichen Ausreden zu drücken wussten. Gemeinsam Unkraut jäten, Sträucher schneiden oder Gemüse pflanzen und ernten war unsere Form von Nähe und gegenseitiger Unterstützung.

Die Kunst des Nichtstuns: Auch wir sind als Patchworkfamilie anfangs in die »Bespaßungsfalle« getappt. Wann immer wir mit allen vier Kindern zusammen waren, hatten wir Eltern das Gefühl, dass nun mächtig Programm geboten werden müsse. Zunächst damit alle gut zusammenwachsen würden, dann, damit der Zusammenhalt stabilisiert wird, und später, damit wir es honorieren, wie sehr sich unsere Kinder in dieses Patchworkfamilienmodell integriert haben. Dies führte zwar dazu, dass unsere Kinder stets ein volles Programm an Unternehmungen geboten bekamen, wir aber gerade nach den Wochenenden völlig kraftlos und erschöpft in die Arbeitswoche aufbrachen. Eine ganze Zeit traute sich keiner von uns beiden Eltern das Thema anzusprechen, aber dann kam der Zeitpunkt, an dem ich das

Thema »Entschleunigung« auf den Tisch brachte. Denn mir wurde klar, dass wir das Projekt Patchworkfamilie niemals langfristig betrachteten, sondern viel zu kleinteilig dachten. Wenn wir uns aber einmal vergegenwärtigen, dass dieses Familienmodell die nächsten 30 bis 40 Jahre existent sein wird, dann gibt uns dies die Möglichkeit, viel entspannter das gemeinsame Familienleben anzugehen.
Insofern mein Tipp: Nehmen Sie sich bewusst Zeit, um nichts zu tun. Gönnen Sie sich Momente der Ruhe und Entspannung, in denen Sie einfach nur »sein« können, ohne etwas zu tun oder zu analysieren. Diese Zeiten des Nichtstuns können Ihnen helfen, Stress abzubauen und eine innere Gelassenheit zu finden. Trotzdem kann man aber als Familie zusammen sein. Ich selbst lege mich beispielsweise sehr gerne bei schönem und warmem Wetter in den Garten, höre einen Podcast oder lese ein Buch. Nicht selten kommt es vor, dass sich ein oder zwei Kinder für ein Weilchen mit ihren Büchern zu mir verirren oder neben mir einfach ihr Eis am Stiel essen. Oder ich beobachte die Kinder, wie sie Badminton spielen oder auf dem Feld Fahrrad fahren. Man kann sich also auch nahe sein, ohne permanent aktive Zeit miteinander zu verbringen.

Humor ist Trumpf: In meinem Fall würde ich eher sagen, Ironie ist Trumpf! Ohne meine Ironie und eine ordentliche Portion Humor könnte ich die Berge an verschimmelndem Geschirr, die Menge an verlorenen Zirkeln und zerbrochenen Linealen, die Tatsache, dass Geschirr stets vor, aber nie in die Spülmaschine geräumt wird, und das Ausblenden der Gegebenheit, dass eine leere Klopapierrolle durch eine volle Klopapierrolle ersetzt werden sollte, tatsächlich nur schwer ertragen. Während der Corona-Lockdowns habe ich an mir selbst gemerkt, wie sehr Kleinigkeiten im Alltag das Fass zum Überlaufen bringen können – wenn man es so weit kommen lässt. Wahrscheinlich war ich in dieser Zeit nicht die Einzige, die den Gang zum Supermarkt als Highlight der Woche betrachtet hat, weil man hier dem familiären Minenfeld für kurze Zeit entkommen konnte. Gerade weil mich diese Zeit aber furchtbar gestresst und bis ans Ende der Belastbarkeit gebracht hat, habe ich mir seither geschworen, dass mir das nicht noch einmal passiert. Versuchen Sie also, auch schwierige Situationen mit Humor zu nehmen und sich selbst gleichzeitig nicht zu ernst zu nehmen. Eine Portion Humor kann dazu beitragen, Spannungen zu lösen und eine entspannte Atmosphäre zu schaffen.

Sich auf das Positive konzentrieren: Ein Effekt der Corona-Pandemie ist tatsächlich, dass wir uns alle gegenwärtig viel zu stark auf negative Aspekte des Lebens konzentrieren. Wir Sozialwissenschaftler:innen nennen dies den »Dauerkrisenmodus«. Wenngleich wir seit einigen Jahren tatsächlich beständig mit tief greifenden Krisen wie der Corona-Pandemie, den Kriegen in der Ukraine und in Gaza, der Energiekrise und steigender Inflation konfrontiert sind, leben wir dennoch in einem Land mit sehr hohen sozialen und wirtschaftlichen Standards. Ebenso wie wir die positiven Errungenschaften unserer Demokratie wieder mehr schätzen lernen müssen, sollten wir unsere Aufmerksamkeit auch bewusst auf die positiven Aspekte des Lebens und unserer Familie lenken. Konkret bedeutet dies, sich auf die Dinge zu fokussieren, die gut laufen oder die sich in den letzten Jahren deutlich verbessert haben. Ebenso sollten wir uns Zeit nehmen, dafür Dankbarkeit zu empfinden und uns und andere für die Beteiligung an positiven Veränderungen zu loben.

Neben allen Tipps und Strategien ist es wichtig, zu bedenken, dass Patchworkkonstellationen über lange Sicht ein fragileres Familienmodell darstellen als andere. Dies bedeutet, dass mit dem Erwachsenwerden der Kinder oftmals völlig neue Brüche und Veränderungen im Patchworkgefüge auf Sie zukommen werden. Werden die Kinder flügge, weben sie sich ihr Leben neu und haben vielleicht auch ihre erste eigene, enge Partnerschaft, dann kann dies bedeuten, dass sie ihr eigenes Aufwachsen noch einmal sehr kritisch reflektieren. Alte Wunden brechen gerade in solchen Wandelzeiten wieder auf, und tatsächlich geraten dann oftmals die Stiefelternteile ins Kreuzfeuer der Kritik. Die Psychologin Marianne Nolde, eine von mir sehr geschätzte Buchautorin, die sich ebenfalls sehr intensiv mit Trennungs- und Nachtrennungsfamilien auseinandersetzt, beschreibt in ihrem Facebook-Blog sehr ehrlich ihre eigenen Erfahrungen mit dieser Form des Bruches. So schreibt sie: »22 Jahre lang waren meine Stiefkinder für mich ein selbstverständlicher Teil meiner Familie. (…) Dann holten uns die ungelösten Probleme ein, ausgerechnet in einer Situation, die ich als Hilfestellung angeboten hatte (…). Was wir jetzt machen: Ich habe mich vorerst ganz zurückgezogen, mein Mann hält den Kontakt, soweit das möglich ist, allein.«[28]

Alle Stiefelternteile, die über Jahrzehnte hinweg ihr Bestes gegeben haben, um für ihre Stiefkinder da zu sein, werden diesen Schmerz und die ohnmächtige Resignation, die aus diesen Zeilen spricht, gut nachempfinden können. Es gibt bisher in

Deutschland, aber auch international, nur wenige Studien zu Kontaktabbrüchen zwischen Stiefkindern und Stiefeltern, eben auch deshalb, weil die Beziehungen zwischen ihnen über den gesamten Lebensverlauf bisher nur sehr wenig analysiert wurden. Eine sehr interessante Studie meiner Kollegin Anja Steinbach zu intergenerationalen Beziehungsmustern zwischen Stiefelternteilen und Stiefkindern aus dem Jahr 2010[29] kommt zu dem Ergebnis, dass der Kontakt zwischen Stiefelternteilen und erwachsenen Stiefkindern intensiver ist, wenn die Stiefkinder im Haushalt des Stiefelternteils gelebt haben bzw. intensive, wöchentliche Kontakte zum Stiefelternteil hatten. Anja Steinbach kann in ihrer Untersuchung auch einen Gender-Bias zwischen Stiefmüttern und Stiefvätern verdeutlichen: Da Stiefväter eben mit der leiblichen Mutter der Kinder zusammenleben und bei Trennungen nach wie vor mehr Mütter als Väter die Kinder im gängigen Residenzmodell erziehen, also die zentrale Bezugsperson für ihre Kinder sind, bleibt auch hier die Kontaktintensität im Erwachsenenalter höher. Stiefväter sehen aufgrund dieser Konstellation ihre erwachsenen Stiefkinder demnach häufiger als Stiefmütter. Inwiefern sich dies mit der steigenden Anzahl an Wechselmodellfamilien und einer damit neuen Kontaktintensität mit den Stiefelternteilen verändern wird, müssen zukünftige Studien zeigen. Fakt ist aber, dass gerade die Stiefmütter, die sich im Kindesalter mit einem erheblichen gesellschaftlichen Druck konfrontiert sehen und viel mehr mit ihrer Rolle zu kämpfen haben als Stiefväter, auf langfristige Perspektive noch einmal benachteiligt sind, weil sich der Kontakt zu den erwachsenen Stiefkindern oftmals stark reduziert. Gesprächs- und Beratungsangebote, zum Beispiel in Form von Selbsthilfegruppen für Stiefelternteile von erwachsenen Kindern, gibt es bisher nur sehr selten. Weil es aber für viele der »entsorgten« Stiefelternteile wichtig ist, darüber sprechen zu können, empfiehlt es sich, bei Bedarf eine psychologische Beratungsstelle aufzusuchen.

Gleichwürdige Kommunikation

Der Schlüssel einer gelingenden Elternschaft in der Patchworkfamilie

Vor diesem Kapitel habe ich mich beim Schreiben lange gedrückt. Denn wir sind keine Parade-Patchworkeltern für gelingende Kommunikation. Tatsächlich haben wir nach neun Jahren nicht nur Kommunikations-, sondern auch Kommunikationsvermeidungsstrategien einführt, damit es bei bestimmten Themen nicht immer zu Streit kommt. Ein großes Streitthema bei uns ist beispielsweise die Urlaubsplanung. Diese muss nämlich nicht nur zwischen uns als Partner:innen abgestimmt werden, sondern eben auch mit den anderen Elternteilen. Diese haben ihre eigenen Schwerpunktsetzungen, Wünsche und eben auch wieder neue Partner:innen mit eigenen Plänen. Die Urlaubsplanung ist folglich bei uns, wie bei vielen anderen Stieffamilien, ein hoch komplexes und emotional sehr herausforderndes Thema. Welchen Wünschen soll man Vorrang geben? Wie sehr soll und kann man auf die Forderungen der anderen Elternteile eingehen und mit welchen Konsequenzen ist eine Ablehnung gegebenenfalls verbunden? Diese Fragen dominieren tatsachlich unseren Familienalltag in den ersten Oktoberwochen und ich bin ehrlich – seit ich in einer Patchworkfamilie lebe, ist der Oktober der Monat, den ich am meisten fürchte ... Denn während ich früher

Urlaube und Unternehmungen sehr kurzfristig geplant habe, muss ich nun bereits im Herbst eine klare Vorstellung davon entwickeln, wie das kommende Jahr ferientechnisch ablaufen soll. Oftmals ohne zu wissen, ob das beruflich für mich überhaupt umsetzbar ist, weil mein Beruf eine so lange Vorausplanung eigentlich nicht vorsieht.

Gerade bei diesem Thema wird mir also die starke Fremdbestimmung, der wir als Patchworkfamilie unterworfen sind, besonders deutlich, und gerade das führt bei mir zu großer Verärgerung. Wir können nicht, wie klassische Familien, spontan wegfahren oder spontane Unternehmungen planen, da wir zum Beispiel für meine Stiefkinder ein sehr starres Residenzmodell haben, mit exakt festgelegten Betreuungszeiten und wenig Spielräumen, Änderungen anzufragen. Nicht zuletzt haben auch die größer werdenden Kinder ganz eigene Interessen bei der Ausgestaltung ihrer Ferien.

Kurz: Das Thema Ferien und Urlaubsplanung ist bei uns Sprengstoff und der Garant für durchaus auch mal lautstarke Streitigkeiten mit meinem Lebensgefährten. Diese Streitigkeiten entstehen aus blanker Überforderung und der Tatsache, dass es zu viele Kommunikationspartner:innen, Kommunikationskanäle und sehr unterschiedliche Interessen gibt.

In der Regel beginnen unsere Gespräche darüber so:

Mein Lebensgefährte: »Ich muss mit dir über die Ferienplanung reden, also werden wir uns jetzt gleich streiten.«

Ich: »Wie kommst du darauf, dass wir streiten, wir können das doch sicherlich dieses Mal vernünftig klären, oder?«

Eine halbe Stunde später sprechen wir nicht mehr miteinander, weil wir uns – wie so oft bei diesem Thema – völlig verkracht haben ...

Dieses kurze Beispiel soll zeigen: Es wäre eine Mähr, zu glauben, dass Kommunikationsstrategien immer und überall greifen. Kommunikation hat tatsächlich viel mit emotionaler Distanz zu tun. Bei Themen, die mich emotional weniger belasten, kann ich einen Schritt zurücktreten. Bei Themen mit hoher emotionaler Verwobenheit gelingt das viel seltener. Für mich ist die mangelnde Selbstbestimmung und das Gefühl, dass andere Menschen über meine freie Zeit und meine Erholungsphasen mitbestimmen, sehr schwer zu ertragen, bis heute. Was ich damit verdeutlichen will: Kommunikative Stolperfallen gibt es nahezu endlos im Patchworkfamilienkontext. Wie also kann Kommunikation gelingen?

Bereits im Titel dieses Kapitels findet sich das Wort Gleichwürdigkeit. Es wird im pädagogischen Kontext immer für eine Beziehungsstruktur auf Augenhöhe verwendet. Ganz grundsätzlich bezieht sich Gleichwürdigkeit auf die Vorstellung, dass alle Menschen von Natur aus den gleichen Wert und die gleiche Würde haben. Alter, Herkunft, Geschlecht, Religion oder sozialer Status dürfen also nicht dazu führen, dass Menschen in ihrer Wertigkeit oder Würde anders behandelt werden dürfen. In unserer modernen Gesellschaft können wir beispielsweise heute glücklicherweise sagen, dass wir im Bereich der Eltern-Kind-Beziehung immer mehr Gleichwürdigkeit verankern. Während noch in der Kindheit meiner Eltern die Würde und der Wert des Kindes klar unter denjenigen der Eltern stand, hat sich dies in den vergangenen 50 Jahren deutlich verändert. Auch mit Blick auf Partnerschaften würden wahrscheinlich viele Paare spontan behaupten, dass Gleichwürdigkeit für sie selbstverständlich ist.

Aber ist sie das wirklich? Oftmals wird Gleichwürdigkeit fälschlicherweise mit Gleichberechtigung gleichgesetzt. Wenn es hier auch noch einige geschlechtsspezifische Unterschiede (insbesondere mit Blick auf familiäre Sorgearbeit und Entlohnung) gibt, sind wir in Sachen Gleichberechtigung in Deutschland auf einem guten Weg, würde ich meinen. Gleichwürdigkeit, also die Würde des Partners bzw. der Partnerin zu wahren, gelingt bei vielen Paaren aber zum Beispiel in Streitsituationen nur selten. In einer Partnerschaft bedeutet Gleichwürdigkeit, dass beide Partner:innen als gleichwertige Individuen betrachtet werden und ihre Meinungen, Bedürfnisse und Gefühle gleichermaßen respektiert werden. Gerade in Patchworkfamilien bedeutet Gleichwürdigkeit auch die Anerkennung, dass beide Partner:innen einen gleichberechtigten Beitrag zur Beziehung leisten und dass ihre Stimmen und Perspektiven gleichermaßen wichtig sind. Genau der letzte Punkt der gleichberechtigten Perspektiven ist es aber, der bei Patchworkeltern oftmals nicht klappt. Wie kann man dieses Dilemma lösen?

- Ein Schlagwort hier ist **offene Kommunikation**. Damit meine ich einen Kommunikationsstil, der auf Ehrlichkeit, Transparenz und den direkten Austausch von Informationen abzielt. Dabei darf es sich nicht um eine eindimensionale Kommunikation handeln, denn das ist keine Kommunikation. Die eigene Ehrlichkeit und Direktheit darf nicht zulasten des Partners oder der Partnerin gehen. Offene Kommunikation in einer Partnerschaft bedeutet für mich beispielsweise, dass Informationen nicht zurückgehalten werden dürfen, auch nicht um den Partner bzw. die Partnerin vermeintlich zu schützen. Gerade wenn es um die Organisation des Familienalltags geht, ist es wichtig, dass alle Informationen geteilt werden und es keinen Unterschied zwischen Elternteil und Stiefelternteil gibt.

- Das zweite Schlagwort ist **kommunikative Zusammenarbeit**. Hier steht der Prozess des Informationsaustauschs und der Zusammenarbeit im Vordergrund, um gemeinsame Ziele zu erreichen und sich als Paar deutlich zu machen, dass es genug Hürden gibt, die man außerhalb der Patchworkfamilie zu überwinden hat und dass man diese Hürden nicht auch innerhalb der Paarbeziehung aufbauen darf. Umfassender Informationsaustausch ist wichtig, damit man sich gerade als Patchworkpaar als Einheit fühlt. Ich erlebe selbst immer wieder, dass es eben nicht damit getan ist, dass man einen gemeinsamen Familienkalender führt und alle wichtigen Termine einträgt (obgleich das schon eine erste Basis ist), sondern dass es wichtig und schön ist, dass man sich informiert fühlt. Dabei ist es gerade im hektischen Patchworkfamilienalltag sehr wichtig, dass man sich feste Zeiten sucht, um die wichtigsten Informationen miteinander zu teilen, sonst steckt man schnell in der »Das-hatte-ich-dir-doch-gesagt! Nein-hast-du-nicht!«-Spirale fest.

  Unterscheiden sollte man immer zwischen Alltagsentscheidungen und weitgehenderen Informationen. Die Info, wer heute einkaufen geht oder dass der Reitunterricht verschoben wurde, kann man sicherlich über WhatsApp oder andere Messenger besprechen, wahrscheinlich telefonieren hierfür heute nur noch die Wenigsten. Anders sieht es da schon aus, wenn man beunruhigt ist, weil ein Kind eine schlechte Note mit nach Hause gebracht hat oder sich momentan so anders verhält als sonst. Solche Dinge möchte man oftmals direkt am selben Tag besprechen, meist ist das aber gar keine so gute Entscheidung, vor allem wenn die Arbeitstage lang und stressig sind. Es lohnt sich also, für weitreichendere Informationen und Gespräche ein festes Kommunikationsritual einzuplanen. Zum Beispiel am Freitag beim Nachmittagskaffee oder nach dem gemeinsamen Abendessen. Bei einem kleinen Absacker auf der Couch, am Esstisch oder auf der Gartenbank kann man gut die erlebte Woche Revue passieren lassen und ebenso die nächste Woche vorbesprechen. Ich persönlich finde das viel besser, als die wenige Paarzeit, die man hat, damit zu belasten. Auch wir haben oftmals wichtige Gespräche auf Zeitpunkte verschoben, an denen wir allein waren, und hatten jedes Mal das Gefühl, dass uns dadurch wichtige Qualitätszeit genommen wird. Die Zeit allein ist kostbar und sollte dazu dienen, sich als Paar gemeinsam wohlzufühlen, und nicht dazu, als Statthalter die kommenden Familienzeiten zu planen. Wir führen familienbezogene Gespräche also immer dann, wenn wir auch Familie sind, und klammern sie dann aus, wenn wir Paar sein dürfen. Das klappt natürlich nicht immer, gerade wenn wir ohne die Kinder ab und an mal einige Tage wegfahren, sprechen wir am Ende natürlich doch regelmäßig über sie, ihre Pläne, Entwicklungen und gegenwärtigen Probleme. Aber darauf zu achten, dass man Paarzeiten von Familienzeiten und Familienproblemen trennen sollte, ist eine wichtige Erkenntnis meines Patchworklebens.

Zusammenfassend bedeutet Gleichwürdigkeit gerade im Patchworkfamilienalltag, dass zwar unterschiedliche Verantwortlichkeiten bestehen, wer was zu organisieren bzw. zu erledigen hat, dass sich beide Partner:innen aber informiert und einbezogen fühlen müssen. Der Grad der Einbeziehung kann dabei durchaus variieren. Beide Partner:innen sollten vorab festlegen, was ihnen wichtig ist und wo sie einbezogen werden möchten.

Entwicklung der emotionalen Intelligenz

Ein Leitprinzip der Partnerschaft in Patchworkfamilien

Da das Leben in einer Patchworkfamilie in den verschiedensten Phasen von unterschiedlichen Emotionen begleitet wird, war es für mich persönlich sehr wichtig, zu verstehen, was sich hinter dem Schlagwort »emotionale Intelligenz« verbirgt und wie ich diese Art der Intelligenz trainieren kann. Emotionale Intelligenz bezieht sich auf die Fähigkeit einer Person, Emotionen bei sich selbst und anderen zu erkennen, zu verstehen, zu regulieren und damit umzugehen. Es handelt sich also um die Fähigkeit, Emotionen zu benennen, ihre Ursachen zu verstehen, sie angemessen auszudrücken und in sozialen Interaktionen empathisch zu reagieren.[30] Die Konzepte der emotionalen Intelligenz wurden von verschiedenen Wissenschaftler:innen entwickelt und erforscht, zu den Pionieren gehören aber sicherlich die Sozialpsychologen Peter Salovey und John D. Mayer: Sie prägten den Begriff »Emotionale Intelligenz« und führten das Konzept in den frühen 1990er-Jahren ein, indem sie deutlich machten, dass es das Zusammenspiel zwischen kognitiver und emotionaler Intelligenz ist, das Menschen erfolgreich macht. Daniel Goleman war es aber schließlich, der das Konzept mit seinem Buch *Emotionale Intelligenz* aus dem Jahr 1995 populär machte.

Der Psychologe John Gottman wiederum prägte den Begriff »emotionale Intelligenz für Paare«.[31] Er ist bekannt für seine umfangreichen Arbeiten im Bereich der Ehe- und Paartherapie sowie für seine Beiträge zum Verständnis zwischenmenschlicher Kommunikation und Interaktion. Emotional intelligent zu sein, ist für ihn ein wesentliches Kriterium, um eine gesunde und dauerhafte Partnerschaft aufzubauen, da einerseits die eigenen Emotionen zurückgestellt werden müssen und man zum anderen lernen muss, empathisch auf die Emotionen des Partners bzw. der Partnerin zu reagieren, ohne dabei sich selbst zu vergessen. Gottman identifizierte verschiedene Faktoren, die zu einer hohen emotionalen Intelligenz in Paarbeziehungen beitragen. Dazu gehören:

- **Emotionale Bewusstheit:** Die Fähigkeit, die eigenen Emotionen zu erkennen und zu verstehen sowie die Emotionen des Partners wahrzunehmen und angemessen darauf zu reagieren.
- **Emotionale Akzeptanz:** Die Bereitschaft, die Emotionen des Partners anzunehmen und zu respektieren, selbst wenn sie anders als die eigenen sind oder widersprüchlich.
- **Emotionale Empathie:** Die Fähigkeit, sich in die Gefühle des Partners hineinzuversetzen und mitzufühlen, ohne dabei die eigenen Bedürfnisse und Grenzen zu vernachlässigen.
- **Emotionale Kommunikation:** Die Fähigkeit, Emotionen offen und ehrlich zu kommunizieren, ohne dabei den Partner anzugreifen oder in einen defensiven Modus zu verfallen.
- **Emotionale Reparatur:** Die Fähigkeit, Konflikte auf konstruktive Weise zu lösen und nach einer Auseinandersetzung wieder eine positive Verbindung herzustellen.

Ich selbst habe mich immer für einen sehr empathischen Menschen gehalten, tatsächlich sagte mir mein Partner aber nach einiger Zeit in unserer Patchworkkonstellation: »Du bist anderen Menschen gegenüber so verständnisvoll und kannst so gut auf sie eingehen, aber bei mir reagierst du immer total übertrieben und hast wenig Verständnis!« Natürlich wies ich diese Aussage erst einmal als Unterstellung von mir, sie brachte mich aber doch zum Nachdenken, und ich begann, meine Reaktionen genauer zu hinterfragen. Tatsächlich fehlte mir in unserer Partnerschaft anfangs die nötige Gelassenheit. Ich legte alle Äußerungen und Handlungen meines Partners auf die Goldwaage, verglich mich mit seiner Expartnerin und machte mir damit das Leben selbst schwer. Die zentralen Gründe lagen bei mir in einer sehr großen Verlustangst. Wir hatten so viel aufgegeben für diese Partnerschaft, mussten so viele Hindernisse überwinden. In mir saß eine tief verwurzelte Angst, dass ich bzw. unsere Partnerschaft meinem Lebensgefährten irgendwann zu viel werden könnte, dass er sich ein einfacheres und unbeschwerteres Leben wünschte. Ich erkannte, wie anstrengend diese Angst für mich, aber auch für meinen Partner war, und beschloss nach dieser Phase der Selbstreflexion, offen mit ihm darüber zu sprechen. Und siehe da, er konnte meine Angst sehr gut verstehen, weil es in ihm ähnlich aussah!

Die Entwicklung emotionaler Intelligenz erfordert also Selbstreflexion, Zeit und tatsächlich auch ganz viel Übung. Ich habe mal einige Dinge zusammengetragen, die mir geholfen haben, meine emotionale Intelligenz zu entwickeln:

ENTWICKLUNG DER EMOTIONALEN INTELLIGENZ

- In einem ersten Schritt habe ich es mir zur Aufgabe gemacht, meine Emotionen bewusst wahrnehmen: Ich habe verstärkt auf meine körperlichen Empfindungen geachtet und aufgeschrieben, wann ich wütend oder traurig war, welche Gedankenmuster zu diesen Emotionen führten und welche Verhaltensweisen ich an den Tag legte, wenn ich diese Emotionen hatte.
- In einem zweiten Schritt habe ich versucht, die Ursachen und Auslöser für die jeweiligen negativen Emotionen zu verstehen: Ich habe mich gefragt, welches Bedürfnis oder welche Vorstellung nicht erfüllt wurde oder ob es zum Beispiel auch ein Bruch mit meinen Werten war, der mich in diese negativen Emotionen versetzte.
- In einem dritten Schritt ging es mir dann darum, meine Kommunikation zu verbessern, also meinem Partner zu erklären, warum ich diese negativen Emotionen zeige. Ich habe also die Gründe klar benannt und ihm dadurch die Möglichkeit gegeben, mit mir einen Kompromiss zu finden oder aber auch seine Form der Kommunikation zu verändern. Gleichzeitig habe ich sehr an mir arbeiten müssen, meine Impulsivität zu zähmen und nicht immer sofort eine Diskussion einzufordern, weil dies das Gegenüber extrem unter Druck setzt. Grundsätzlich habe ich mir selbst mehr Zeit verordnet, um die Emotionen sacken zu lassen, sie für den Moment einfach anzunehmen und erst am nächsten Tag – mit einem gewissen Abstand – zu reflektieren und zu besprechen.

- Der vierte Schritt war der wohl schwerste Schritt für mich: Ich musste (und muss noch heute) lernen, dass ich nicht in die Köpfe anderer Menschen hineinschauen kann, also nicht einfach vorwegnehmen kann, was sie tatsächlich denken. Dies führt zu Unterstellungen und setzt gerade eine Partnerschaft ganz gehörig unter Druck. Ich musste lernen, zu akzeptieren, was mein Partner mir sagt, ohne seine Begründungen anzuzweifeln. Dies gehört zur wesentlichen Vertrauensbasis einer Partnerschaft. Letztlich ist dies auch ein wesentlicher Aspekt der Empathiefähigkeit. Nur weil der Partner oder die Partnerin Dinge anders ausdrückt oder vielleicht anders auf Vorfälle reagiert, bedeutet dies nicht, dass sie ihn nicht beschäftigen.
- Aktives Zuhören ist ein weiterer wichtiger Schritt zur Erhöhung der emotionalen Intelligenz. Tatsächlich können dies nur wenige Menschen. Aussprechen lassen oder konzentriert zuhören, ohne dem Gegenüber gleich wieder die eigene Meinung überzustülpen, ist reine Übungssache, aber absolut wertvoll!

Gerade Menschen, die sehr impulsiv reagieren, also in Extremsituationen zum Beispiel dazu neigen, unkontrolliert zu weinen oder auch zu schreien, setzen ihr Gegenüber damit massiv unter Druck und nehmen sich selbst zudem die Möglichkeit, rational mit Herausforderungen umzugehen. Dieses irrationale Verhalten ist oft ausschlaggebend für eskalierende Konflikte und Beziehungsabbrüche. Wir alle – oder zumindest die meisten von uns – sind nicht davor gefeit, in herausfordernden Situationen emotional übertrieben zu reagieren. Hier kann es tatsächlich wirkungsvoll sein, sich mit Emotionsregulationstechniken vertraut zu machen. Ein Rezeptwissen kann man hierzu gar nicht vermitteln, da jeder Mensch individuell ist und dementsprechend auf die ein oder andere Technik nicht anspricht. Ich nenne Ihnen im Folgenden aber gern Techniken, die man spontan und sehr einfach anwenden kann und die mir seit Jahren gut helfen.

EMOTIONEN REGULIEREN – DIESE METHODEN SIND EINEN VERSUCH WERT

- Mir selbst helfen einfache **Atemübungen**, wenn ich merke, dass ich jähzornig werde (meine schlechteste Charaktereigenschaft). Ich konzentriere mich auf meinen Atem, blende alle anderen Dinge aus und atme bewusst und langsam ein und aus. Tief in den Bauch einatmen, den Atem dort spüren und ihn dann entweichen lassen, diese einfache Formel erdet mich und lässt meinen Jähzorn schnell verfliegen.
- Ebenso gute Erfahrungen habe ich in emotional herausfordernden Situationen mit der **Progressiven Muskelentspannung** gemacht: Nacheinander werden hier verschiedene Muskelgruppen angespannt und entspannt. Durch diese bewusste An-, aber auch Entspannung tritt ein Zufriedenheitsgefühl ein, und die negativen Emotionen lösen sich auf.
- Etwas voraussetzungsvoller, aber meines Erachtens sehr effektiv, weil nachhaltig, ist die **Methode der kognitiven Umstrukturierung.**[32] Dabei werden negative oder destruktive Gedankenmuster identifiziert, und es wird versucht, diese bewusst infrage zu stellen und durch posi-

tive und realistische Gedanken zu ersetzen. Die kognitive Umstrukturierung ist aber nichts, was sofort hilft, weil man auch hier erst einmal üben muss und vielleicht sogar professionelle, psychotherapeutische Anleitung braucht. Für mich ist es sehr gut, ein Gedankentagebuch zu führen, in dem ich meine Gedanken zu bestimmten Situationen oder Ereignissen festhalte. Ich frage mich dann, ob es wirklich faktische Beweise gibt, die meine Gedanken untermauern, oder ob ich dieses Gedankengerüst aus Überforderung oder übermäßiger Sorge selbst konstruiere. Indem ich destruktive Gedankenmuster identifiziere, also Gedanken ohne Hintergrund und Beweise, die nur auf meinen persönlichen Annahmen beruhen, habe ich die Möglichkeit, sie durch realistischere Annahmen zu ersetzen. Man bricht also aus dem Teufelskreis von Annahmen und Vermutungen aus und reduziert damit eine ganze Menge negativer Gedanken, indem man sie stoppt. Manchmal hilft es tatsächlich, laut »Stopp!« zu sagen und sich bewusst zu zwingen, die Aufmerksamkeit auf realistischere Gedanken zu lenken.

Schauen wir uns zur Methode der positiven Umstrukturierung ein Beispiel an: Lisa ist mit Tom zusammen, der zwei Kinder aus einer früheren Beziehung mit Nadine hat. Tom und seine Expartnerin Nadine haben häufig Kontakt. Lisa fühlt sich von der ständigen Kommunikation zwischen Tom und Nadine ausgeschlossen und vernachlässigt, deshalb gibt es viel Streit zwischen ihr und Tom.

- Bei der Methode der positiven Umstrukturierung wird zunächst mit einem Perspektivwechsel gearbeitet. Statt sich auf ihre Eifersucht und Abneigung gegen Nadine zu konzentrieren, versucht Lisa, die Situation aus Nadines Sicht zu betrachten. Sie erkennt, dass Nadine als Mutter natürlich besorgt um das Wohl ihrer Kinder ist und dass es bestimmte Dinge gibt, die Tom mit Nadine allein regeln muss, weil beide die leiblichen Eltern sind.
- In einem zweiten Schritt wird Verständnis angestrebt. Lisa macht Tom also nicht die üblichen Vorwürfe oder reagiert aggressiv, sondern legt Tom dar, wie wichtig ihr das Wohlergehen seiner Kinder ist und dass sie möchte, dass sich die Kinder bei ihnen in der neuen Patchworkfamilie wohlfühlen, dass sie jedoch hierzu wissen muss, welche Erziehungsabsprachen es zwischen Nadine und Tom gibt, damit sie zum Wohle der Kinder alle an einem Strang ziehen können.
- Gemeinsam mit Tom versucht sie dann in einem letzten Schritt, Absprachen darüber zu erzielen, welche Infos für das Zusammenleben als Stieffamilie wichtig sind. Zum Beispiel ist es Lisa wichtig, dass sie in Terminabsprachen über Ferienregelungen grundsätzlich einbezogen wird, weil das auch ihre Urlaubsplanung tangiert. Ebenso möchte sie wissen, welche Regeln bei Nadine zur Smartphone-Nutzung, zum Thema Fernsehen und zu den Schlafenszeiten der Kinder herrschen. Indem sie Themen ganz klar benennt, macht sie es Tom leichter, sie in diese Informationen einzubeziehen, und schärft zugleich ihren Blick für die Dinge, die ihr wirklich wichtig sind. Sie erkennt auch, warum ihr manche Dinge wichtig sind.

Natürlich kann man die hierfür nötigen Übungen auch gemeinsam mit dem Partner oder der Partnerin machen. Wichtig ist aber, dass man selbst erkennt, was man dazu beitragen kann, um die Partnerschaft gerade im Patchworkfamilienmodell zu stabilisieren. Denn schließlich gibt es genügend andere Herausforderungen, da sollte die Partnerschaft Halt und Kraft verleihen und nicht noch weitere Kräfte kosten. Letztlich ist die Auseinandersetzung mit emotionaler Intelligenz nicht nur im Zuge der Partnerschaft sinnvoll, sondern auch mit Blick auf die Kindererziehung. Auch hierzu hat John Gottman bereits 1998 ein Buch mit dem Titel *Kinder brauchen emotionale Intelligenz* herausgegeben, das mittlerweile ein Klassiker unter den Erziehungsratgebern ist.

Leibliche Eltern und Stiefeltern

Der emotionale Rucksack unserer Kinder

»Auf einmal war mir klar, der geht nicht mehr weg!« Dieses Zitat stammt aus einer Interviewserie mit Kindern und Jugendlichen ab zwölf Jahren, die ich für meine Studie »Perspektiven von Familienmitgliedern auf das Wechselmodell« im Jahr 2021 geführt habe.[33] Sieben der damals 20 interviewten Jugendlichen hatten Patchworkfamilienerfahrung, daher war es mir besonders wichtig, noch einmal einen differenzierten Blick auf die Interviewtranskripte zu werfen. Ein neuer Partner oder eine neue Partnerin neben dem Elternteil wurde von allen sieben Jugendlichen zunächst mit Argwohn betrachtet. Vergleiche mit dem leiblichen Vater oder der leiblichen Mutter wurden automatisch gezogen. Aussehen und Auftreten waren für alle Jugendlichen wichtig, vor allem die Älteren realisierten und analysierten natürlich auch die verschiedenen Ebenen der Paarbeziehung. Zu erkennen, dass die Mutter oder der Vater verliebt ist und sich dementsprechend anders verhält, aber auch zu beobachten, wie Zärtlichkeiten ausgetauscht werden, ist für Jugendliche nicht einfach. Vor allem bei Jugendlichen, die selbst gerade die erste feste Beziehung oder das erste Verliebtsein erlebt hatten, war die Verunsicherung groß. Es war schwer vorstellbar, dass die Eltern nun die gleichen Gefühle durchlebten wie man selbst.

Das Hinzukommen eines neuen Partners oder einer neuen Partnerin ist also mit erheblichen emotionalen und psychologischen Dynamiken verbunden, die von den Jugendlichen in den Interviews wie folgt beschrieben wurden:

- **Veränderung der familiären Dynamik:** Ein neuer Partner bzw. eine neue Partnerin verändert das Rollengefüge. Je nachdem, wie viel Zeit man allein mit einem Elternteil verbracht hat, kann dieser Rollenwechsel gravierend sein. Die enge Vertrautheit, gemeinsame Aufgabenteilungen, gegenseitiger Trost – oftmals ähnelt die Eltern-Kind-Beziehung nach einer Trennung eher einer Ersatzpartnerschaft. Insofern ist es schwierig, zu akzeptieren, dass diese gleichwürdige und partnerschaftliche Beziehung, die durch das gegenseitige Angewiesensein aufeinander besteht, und vor allem auch dadurch, dass sich viele Elternteile stark an ihre Kinder klammern, nun wieder in eine Eltern-Kind-Beziehung rückverwandelt wird. Eifersucht und Wut sind zentrale Emotionen bei den Jugendlichen, ebenso das Gefühl, ersetzt worden zu sein. Die Jugendlichen berichteten auch von Verlustängsten und dementsprechend von einer Hinwendung zum anderen leiblichen Elternteil, um dort Trost zu suchen.
- **Loyalitätskonflikte:** Insbesondere bei Trennungskindern führt der neue Partner bzw. die neue Partnerin unweigerlich zu Loyalitätskonflikten gegenüber dem »ersetzten« leiblichen Elternteil. Bedeutet die Akzeptanz oder gar Sympathie für den neuen Partner oder die neue Partnerin einen Verrat an der geliebten Mutter oder dem geliebten Vater? Ist man es den leiblichen Eltern nicht schuldig, immer wieder darauf

hinzuweisen, dass niemand sie ersetzen und niemand ihnen das Wasser reichen kann?
Entscheidend für die Bewältigung dieser Loyalitätskonflikte sind in der Tat die Reaktionen der leiblichen Eltern auf die neuen Partner. Ermutigen die leiblichen Eltern die Jugendlichen, sich den neuen Partner:innen offen zuzuwenden, signalisieren sie Verständnis und auch Unterstützungsbereitschaft, lösen sich die inneren Konflikte relativ schnell auf. Anders stellt sich die Situation dar, wenn sich die leiblichen Elternteile den neuen Partner:innen gegenüber äußerst ablehnend verhalten und ihre Eifersucht offen zeigen. Die Jugendlichen sehen sich dann einem permanenten inneren Konflikt ausgesetzt, der umso schlimmer ist, je mehr sie die neuen Partner:innen mögen.

- **Misstrauen oder Unsicherheit gegenüber den neuen Partner:innen:** Gerade wenn sich neue Partner:innen von Anfang an stark in die Erziehung einmischen oder ungefragt eigene Normen und Werte durchsetzen und die bisherigen Erziehungsleistungen der leiblichen Eltern geringschätzen, entwickeln die Jugendlichen eine große Unsicherheit und Ablehnung gegenüber den »Neuen«. Besonders deutlich wurde dies in Schilderungen darüber, was alles verboten sei, seit der neue Partner bzw. die neue Partnerin im Haus sei.

» Das Wohlergehen einer Patchworkfamilie ist abhängig von der Konfliktintensität zu den Expartner:innen. «

Diesen Leitsatz kann ich nach vielen Jahren Forschung zu Trennungsfamilien und guten neun Jahren Patchworkleben allen Lesenden mitgeben. Gelingt es nicht, die Konflikte mit dem getrennt lebenden leiblichen Elternteil zu minimieren oder gar völlig aus der Welt zu schaffen, dann hat dies negative Auswirkungen auf die neu gegründete Patchworkfamilie. Gegenseitige Schuldzuweisungen, mangelndes gegenseitiges Vertrauen und der fehlende Wille, die gescheiterte Partnerschaft hinter sich zu lassen und trotzdem gemeinsam als Eltern zu funktionieren, sorgen dafür, dass die Konflikte auch nach den ersten Jahren nicht wirklich abnehmen. Im Gegenteil, der Kreis der Konfliktparteien erweitert sich um die neuen Partner:innen, die – auch wenn sie es eigentlich nicht wollen – irgendwie dann doch hineingezogen werden.

Ein großes Problem ist oft eine fehlende Kommunikationsbasis zwischen leiblicher Mutter und Stiefmutter, sodass ein wirklicher Austausch über die Probleme der Kinder oder ihre sich verändernden Bedürfnisse nicht stattfinden kann. Dabei wäre genau das absolut notwendig, weil die Forschung hier zeigt, dass Stiefmütter unter einem ganz ähnlichen gesellschaftlichen Erwartungsdruck stehen wie leibliche Mütter. Auch sie sollen dem Mutterideal gerecht werden – und schon allein das sollte dazu verleiten, sich zusammenzuschließen und ein gutes Netz aufzubauen. Leider führt aber gerade dieser gesellschaftliche Erwartungsdruck dazu, dass sich insbesondere Stiefmütter und leibliche Mütter nur selten annähern – im Gegenteil: Mütter, die mit den Stiefmüttern kooperative Elternschaft betreiben, werden oftmals verurteilt, dass sie zu wenig um ihre eigenen Kinder kämpfen würden. Letztlich geht dies – wie so oft – vor allem zulasten der Kinder, denn es fehlt eine geregelte Austauschbasis. Einfach mal nachfragen zu können, wie die leibliche Mutter zu bestimmten Themen rund um Pubertät, Sexualität, Auszug oder auch Smartphone-Nutzung steht, wäre für viele Stiefmütter und auch Stiefkinder eine große Erleichterung. Denn die Kinder spüren die Diskrepanz zwischen den Regeln im einen und im anderen Haushalt und machen ihrem Unmut darüber natürlich immer wieder Luft. Im schlimmsten Fall kann es auch dazu kommen, dass die negativen Emotionen, die man als Stiefmutter gegenüber der leiblichen Mutter hegt, auf die Stiefkinder übertragen werden – und das sollte man unbedingt vermeiden! Die innere Distanz, die dadurch zu den Stiefkindern aufgebaut wird, ist oftmals schleichend, nimmt aber mit jedem Konflikt, der zwischen Mutter und Stiefmutter ausgetragen wird, stetig zu.

Auch hier kann man beispielsweise aber als Stiefmutter an der eigenen emotionalen Intelligenz arbeiten, denn Veränderungen bei sich selbst vorzunehmen, ist einfacher, als sie sich von anderen zu wünschen. Ein erster wichtiger Tipp: mehr Rationalität und weniger Impulsivität. Es ist notwendig, eine spezifische Form der Gelassenheit zu lernen, sich durch das Verhalten der leiblichen Mutter nicht provozieren zu lassen und sich nicht verpflichtet zu fühlen, sofort zu reagieren. Drei zentrale Leitfragen kann ich hier mitgeben:

1. Wie kann ich meine Rechte und Bedürfnisse gegenüber einer leiblichen Mutter verteidigen, die diese bewusst ignoriert?
2. Wie kann ich sicherstellen, dass das Wohl meiner Stiefkinder an erster Stelle steht?
3. Wie kann ich meinen Partner unterstützen, der noch viel stärker in die Konflikte eingebunden ist als ich?

Was die erste Frage betrifft, so ist es wichtig, sich über die Rechte, aber auch über die Pflichten eines Stiefelternteils zu informieren. Alles, was ich in den ersten Kapiteln dieses Buches zusammengetragen habe, musste ich mir mühsam zusammensuchen. Für mich war es zum Beispiel sehr hilfreich, zu wissen, dass mich mein Lebensgefährte ohne weitere Zustimmung der

Mutter als Abholperson in der Kindertagesstätte meines Stiefsohnes anmelden kann. Oder dass ich meine Stieftochter durchaus von der Schule abholen durfte, wenn es ihr nicht gut ging und sie gerade ihre »Papawoche« hatte. Tatsächlich sind es genau diese Alltagsfragen, die oft zu Verwirrung und Konflikten führen. Der klare Überblick über Rechte, aber auch Grenzen von Stiefelternschaft half meinem Partner und mir, Alltagsanliegen an die leibliche Mutter direkter zu kommunizieren und dabei aber auch kommunikative Grenzen zu ziehen.

Diese Kenntnisse halfen mir auch, über die Jahre ein Selbstbewusstsein hinsichtlich meiner Stiefmutterrolle zu entwickeln und beispielsweise auch zu kommunizieren, was ich nicht als Bestandteil dieser Rolle sehe. Dinge, die für mich nicht akzeptabel sind, nehme ich nicht mehr so einfach hin wie am Anfang. Getroffene Vereinbarungen sollte man stets auch dokumentieren, um Folgediskussionen oder ein späteres Zurückrudern zu vermeiden.

Die zweite Frage nach dem Kindeswohl ist nicht einfach zu beantworten. Denn zunächst einmal gibt es sehr individuelle Definitionen von Kindeswohl, die stark von der Wahrnehmung der Eltern geprägt sind. Auch hier hat es mir sehr geholfen, dass ich Empirikerin bin. Ich habe mich auf die Suche nach wissenschaftlichen Fakten und Studien zum Kindeswohl gemacht und diese auch durch eigene Forschung analysiert. Gerade für Kinder, die vor der Trennung der Eltern eine sehr enge Bindung oder Beziehung zu beiden Elternteilen hatten, ist es für ihr Wohlbefinden wichtig, dass diese Beziehungen auch nach der Trennung erhalten bleiben. Wichtig für das Wohlbefinden des Kindes ist auch die Gewissheit, dass es immer Kontakt zum anderen Elternteil haben kann, egal, wo es sich gerade aufhält. Mal möchte man die Erlebnisse des Tages erzählen, mal ist es schlicht auch die Sehnsucht, die über ein kurzes Telefonat gestillt werden muss.

Weiterhin wichtig ist es für die Kinder auch, dass sie möglichst unbehelligt von den Konflikten zwischen den Elternteilen bleiben, also eine unbeschwerte Beziehung zu den leiblichen Elternteilen, aber auch den Stiefelternteilen aufbauen können. Ich habe darauf geachtet, dass meine Stiefkinder auch allein Zeit mit ihrem Vater verbringen können, also nicht immer das Gefühl haben, ihn teilen zu müssen. Telefonate oder Videocalls mit der leiblichen Mutter habe ich zu jeder Zeit unterstützt und tue dies heute noch. Ich ermutige meine Stiefkinder im Urlaub, Postkarten an ihre Mutter zu schreiben, und erinnere stets an wichtige Feiertage, zu denen Geschenke gebastelt werden könnten. Gerade weil mein Stiefsohn zu Beginn unserer Patchworkfamilienzeit noch ein Kleinkind war, schien es mir sehr wichtig, dass er die Sehnsucht nach seiner Mutter möglichst niedrigschwellig stillen kann, zum Beispiel durch ein Foto von ihr oder ein entsprechendes Kleidungsstück in seinem Bett. Ebenso habe ich mich auch oft bemüht, Konflikte zwischen der leiblichen Mutter und mir nicht mit meinen Kindern oder Stiefkindern zu besprechen. Niemals würde ich vor meinen Stiefkindern über die Aussagen der leiblichen Mutter urteilen oder mich offen gegen sie stellen. Die Kinder müssen aus der Konfliktebene komplett herausgehalten werden.

Hinsichtlich der dritten Frage gibt es ebenfalls keinen »one best way«, denn hier kommt es natürlich auch immer auf den Charakter des Partners bzw. der Partnerin an. Handelt es sich um jemanden, der Konflikte offensiv angeht, oder vielleicht eher um jemanden, der Konflikten möglichst aus dem Weg geht? Wenngleich man meinen könnte, dass der zweite Typus hilfreicher wäre, ist genau das Gegenteil der Fall. Denn konfliktscheue

Partner:innen haben große Schwierigkeiten damit, klare Grenzen gegenüber den Expartner:innen zu ziehen. Als Folge gehen sie sehr oft auf deren Vorschläge ein, ohne zunächst mit ihren neuen Partner:innen darüber zu sprechen – und schon ist der Konflikt in der Patchworkfamilie vorprogrammiert! Konfliktvermeidungsstrategien sind dann keine Erleichterung, wenn sie nicht dazu dienen, die Konflikte gänzlich zu entspannen, sondern diese vielmehr temporär zu verlagern. Nach dem Motto: »Dieses Jahr habe ich der Ferienregelung der Expartnerin zugestimmt, damit ist das erst einmal vom Tisch. Bis nächstes Jahr ist es ja noch lange hin!« Aber: Das nächste Jahr kommt bestimmt und der neue Konflikt gleich mit.

Als Partner:in muss man also vor allem dem konfliktscheuen Typus zur Seite stehen und dabei helfen, sich den Konflikten zu stellen und diese möglichst dauerhaft zu lösen. Im Falle der Ferienplanung hilft es beispielsweise, sich als Paar hinzusetzen und auf einem Blatt zu visualisieren, wer von der Ferienplanung konkret betroffen ist und wer – als natürliche Folge – dann auch einbezogen werden muss. Dies unterstützt dann die Botschaften, die man an den Expartner bzw. die Expartnerin übermitteln kann: »Danke für deinen Vorschlag, letztlich müssen in die Ferienplanung aber beide Elternteile und deren Partner:innen einbezogen werden. Wir werden über deinen Vorschlag mit allen anderen Beteiligten sprechen, und dann können wir sehen, was sich umsetzen lässt und wo es Schwierigkeiten gibt.«

Handelt es sich beim Partner bzw. der Partnerin um jemanden, der Konflikte offensiv angeht, dann kann man durchaus unterstützen, indem man ihn oder sie für eine Kompromissfähigkeit sensibilisiert. Denn gerade sehr fordernde Elternteile laufen Gefahr, die Expartner:innen gegen sich aufzubringen. Formulierungen wie »Du musst aber …«, »Das ist gerichtlich so vorgegeben ...«, »Das entscheide ich ganz allein ...« führen zu einer destruktiven Elternkonstellation. Viel wichtiger wäre es hier, den Partner bzw. die Partnerin dafür zu gewinnen, das Wohl des Kindes bei der Kommunikation zu thematisieren. »Unser Kind hat es doch verdient, dass es mit uns beiden Weihnachten feiern kann, deshalb wäre es doch eine Lösung, wenn es den Heiligabend bei dir und die Feiertage bei mir verbringen würde«, könnte ein Beispiel hierfür sein.

Meinen Lebensgefährten in Phasen hoher Konfliktintensität zu unterstützen, bedeutet darüber hinaus für mich auch, ihm Alltagspflichten abzunehmen, weil ich merke, wie sehr seine Kräfte dann schwinden und dass er Zeiten braucht, um sich zu erholen. Allerdings ist es hier dann wiederum wichtig, sich selbst nicht zu vergessen! Denn das Stemmen der gesamten Alltagslast in einer Patchworkfamilie sollte durchaus partnerschaftliche Aufgabe sein. Die Verantwortung muss geteilt werden, damit beide Partner:innen ihre Balance finden und behalten können.

Kooperative Erziehung in der Patchworkfamilie

Geht das?

Gemeinsames Erziehen in der Patchworkfamilie kann unterschiedliche Bedeutungen haben und unterschiedlich viele Menschen einbeziehen. Der sogenannte kooperative Erziehungsstil ist die wohl weitreichendste Form. Er bezieht alle Elternteile (also auch die getrennt lebenden) in die Erziehung ein. Regeln, Normen und Werte werden hier gemeinsam abgestimmt, ebenso natürlich auch die Erziehungsmethoden. Gleichzeitig kann die Verantwortung aufgeteilt werden, jedes Elternteil kann seinen Stärken und Interessen entsprechend Verantwortung übernehmen.

Dieser kooperative Erziehungsstil kommt dem Co-Parenting sicherlich am nächsten. Einziger Unterschied ist, dass sich für das Co-Parenting Erwachsene gezielt zusammentun, um gemeinsam ein Kind aufzuziehen – es ist also von vornherein klar, dass es keine Paarbeziehung gibt, sondern die Familiengründung im Vordergrund steht. Aber die Tatsache, dass mehrere Erwachsene ihre Liebe und Aufmerksamkeit einem Kind widmen und es durch sein Leben begleiten wollen, ist sowohl beim Co-Parenting als auch beim kooperativen Erziehungsstil gegeben. Gemeinsames Erziehen in einer Patchworkfamilie bedeutet hier dann auch, dass die Erwachsenen daran arbeiten, positive Beziehungen zwischen allen Familienmitgliedern aufzubauen. Das beinhaltet die Förderung von gegenseitigem Respekt, Offenheit, Kommunikation und Zusammengehörigkeitsgefühl, um ein unterstützendes und harmonisches Familienleben zu schaffen.

» **Der kooperative Erziehungsstil achtet also darauf, das fein gewobene Netz der Patchworkfamilie mit seinen typisch vielfältigen Verflechtungen als eine Besonderheit hervorzuheben, zu bewahren und an die Kinder weiterzugeben.** «

Die eine oder der andere zieht nun wahrscheinlich die Augenbrauen kritisch in die Höhe. Kann ein kooperativer Erziehungsstil wirklich funktionieren, oder ist dies mehr Wunsch als Realität, mehr Fiktion als Fakt?

Tatsächlich kann dieser kooperative Erziehungsstil sehr gut funktionieren, ich erfahre es selbst am Beispiel meiner Patchworkfamilie immer wieder. Aber es braucht die Bereitschaft aller zum gemeinsamen Miteinander, die Akzeptanz der Notwendigkeit, Kompromisse zu schließen, und das Bemühen, dass alle in diesem kooperativen Erziehungskontext auch Gehör finden können.

Wie kann nun ein kooperativer Erziehungsstil konkret aussehen? Auch hier ein Beispiel aus meinem Patchworkfamilienleben: Wie bei allen anderen Familien auch ist der Medienkonsum, insbesondere die Smartphone-Nutzung durch unsere Kinder, ein Thema, das uns Erwachsene sehr umtreibt. Wofür soll oder kann das Smartphone genutzt werden? Wie lange? Auf welchen sozialen Medien dürfen unsere Kinder aktiv sein? Und: Aktivieren wir Zugangssperren oder vertrauen wir auf die Einsicht unserer Kinder? Letztlich trieb uns auch die Frage um, ob wir die Smartphones unserer Kinder regelmäßig kontrollieren sollten. Unsere Erziehungskonstellation besteht aus mir als Mutter, dem leiblichen Vater meiner Kinder und meinem jetzigen Lebensgefährten als Stiefvater (die Kinder meines Lebensgefährten und dessen Ex-Frau klammere ich hier aus). In gemeinsamen Gesprächen wurde schnell deutlich, dass unsere Werte sehr ähnlich waren: Wir wollten unsere Kinder zu kritisch denkenden Menschen erziehen, mit umfassenden digitalen Fähig- und Fertigkeiten, gleichzeitig waren und sind uns Bewegung, Sport und ein reales Miteinander unter Gleichaltrigen sehr wichtig. Wir sehen uns alle drei als Menschen, die die Kinder auf ihrem Weg begleiten und sie eigene Erfahrungen machen lassen. Insofern war die Frage, inwieweit wir die Smartphones unserer Kinder kontrollieren, schnell vom Tisch. Das wollten wir alle drei nicht, und ich weiß bis heute nicht den Code meiner Kinder. Bei den Social-Media-Plattformen waren wir uns weniger einig: Ich bin zum Beispiel eine Gegnerin der Plattform TikTok, deshalb habe ich mich hier für ein Verbot ausgesprochen. Die beiden Väter argumentierten, dass ein Verbot die Plattform nur noch populärer machen würde. Mein Sohn (jetzt fast 18) lehnt TikTok tatsächlich auch ab, aber meine Tochter fühlt sich davon magisch angezogen. Das macht mir Angst, vor allem im Hinblick auf die Unterwanderung der Plattform durch die AfD oder andere Zeitgenossen, mit denen wir auf keinen Fall Kontakt haben möchten. Wir werden also demnächst wieder über TikTok diskutieren, denn – auch das gehört zum kooperativen Erziehungsstil – die Bedenken eines Elternteils müssen ernst genommen werden.

Große Einigkeit bestand hinsichtlich der Smartphone-Nutzung: immer erst nach Erledigung der Hausaufgaben und des Lernens, klaren Vorrang haben sportliche Aktivitäten oder Freizeitangebote, die junge Menschen zusammenbringen. Wir haben also bewusst darauf geachtet, dass die Kids außerhalb der Ferien gar nicht so sehr viel Zeit haben, die sie auf dem Smartphone daddeln können (letztlich ist das aber immer noch genug Zeit ...). Meine Tochter, die noch heute zum Lesen angehalten werden muss, bekam die klare Ansage, dass ihr das Smartphone abgenommen wird, wenn sie nicht täglich mindestens eine Viertelstunde in einem richtigen Buch (also einer Druckvariante) liest.

Ganz wichtig dabei: Wir ziehen das alles dann auch gemeinsam durch. Gibt es mit einem Elternteil Ärger und dementsprechend Handy-Verbot, dann wird das von uns allen geteilt. Das Verbot gilt, egal, wo sich die Kinder befinden.

Für mich gibt es zwei große Vorteile des kooperativen Erziehungsstils, die ich gar nicht oft genug betonen kann.

- Zum einen müssen sich meine Kinder nicht permanent umstellen. Ein »Bei Mama gelten diese Regeln und bei Papa gelten sie nicht« gibt es nicht. Zumindest nicht bei den wirklich wichtigen Sachen.
- Zum anderen haben unsere Kinder früh gemerkt, dass wir uns untereinander abstimmen und es keinerlei Zweck hat, uns gegeneinander auszuspielen. Dies war insbesondere für meinen Lebensgefährten in seiner Rolle als Stiefvater eine große Erleichterung. Es gab nie eine Konkurrenzsituation zu mir oder dem leiblichen Vater meiner Kinder, niemals musste er sich brandmarken lassen als »gemeiner Stiefpapa«, ein Vorwurf, den ich oft aus anderen Stieffamilien höre.

Nicht zuletzt reduziert der kooperative Erziehungsstil den Stress ganz erheblich und fördert das Vertrauen aller Familienmitglieder ineinander. Denn alle wissen, dass sie sich aufeinander verlassen können und dass wir eine Einheit bilden.

Zum guten Ende

Wie kann das Modell Patchworkfamilie unterstützt werden?

Ich erinnere mich noch sehr gut an die ersten Familienkongresse und Konferenzen, auf denen ich meine Forschungen zu Trennungsfamilien oder neuen Familienmodellen vorstellte und stets deutlich machte, welcher enorme Zugewinn das Patchworkfamilienmodell für die Buntheit der Gesellschaft darstellt. In den ersten Jahren wurde ich dafür noch belächelt, denn allzu oft wurden die negativen Auswirkungen von Trennungen und Neufamiliengründungen auf die Kinder in den Vordergrund gerückt. Den Chancen, die das Patchworkfamilienmodell mit sich bringt, wird eine solche einseitige Sichtweise aber nicht gerecht. Tatsächlich glaube ich fest daran, dass das Leben in einer Patchworkfamilie alle Familienmitglieder toleranter machen, ihre Kommunikationsfähigkeit, aber auch ihr Empathievermögen erhöhen kann.

Die Ergebnisse der internationalen Familienforschung geben mir hierzu auch recht. Sie zeigen beispielsweise, wie wichtig es ist, dass wir uns Gedanken über eine gute Beziehung zwischen Stiefmüttern und Stiefkindern machen, weil der Einfluss der Stiefmutter auf ihr Wohlergehen essenziell ist: Stiefkinder zeigen besseres schulisches Verhalten und weniger Verhaltensauffälligkeiten, wenn die Stiefmutter eine unterstützende Beziehung aufbauen konnte. Je mehr Zeit Patchworkfamilien miteinander verbringen, je mehr sie reden, diskutieren, gemeinsam spielen, gemeinsam Hausaufgaben machen oder an schulischen Projekten arbeiten, desto positiver wirkt sich dies auf das Verhalten sowie die emotionale und kognitive Aufnahmebereitschaft der Kinder aus.[34] Außerdem entwickeln Kinder, die in Patchworkfamilien aufwachsen, eine gute Anpassungsfähigkeit und können gut mit Veränderungen umgehen, das heißt, sie zeigen auch eine erhöhte Flexibilität. Damit machen die Ergebnisse eines deutlich: Das kindliche Wohlergehen ist in hohem Maße von der Qualität der Beziehungen innerhalb einer Familie abhängig. Ob es sich um eine Kernfamilie oder Patchworkfamilie handelt, macht dabei keinen Unterschied.

Dennoch – und dies dürfte beim Lesen des Buches hoffentlich deutlich geworden ein – ist die Patchworkfamilie ein sehr voraussetzungsvolles Konstrukt. Es müssen so viele Interessen, Emotionen, Menschen, Bedürfnisse, Sorgen und Ängste in Einklang gebracht werden wie bei keinem anderen Familienmodell. Dieses Bewusstsein braucht es nicht nur bei denjenigen Menschen, die sich auf eine Patchworkfamiliengründung einlassen, sondern auch innerhalb der Gesellschaft, vor allem aber beim Staat, der den rechtlichen Rahmen für die einzelnen Familienmodelle vorgibt. Wie ich in diesem Buch dargestellt habe, haben Stiefelternteile in Patchworkfamilien kaum Rechte, dafür übernehmen sie aber viele Pflichten. Eine Flexibilisierung des Sorge- oder auch Umgangsrechts in den kommenden Jahren könnte entscheidend dazu beitragen, dass Stiefelternteile hinsichtlich ihrer erzieherischen Befugnisse, aber auch bei lebensnotwendigen Entscheidungen mehr Rechte bekommen.

Auch hinsichtlich des Alltagsmanagements müssen Patchworkfamilien als besondere Familienform betrachtet werden, weil oftmals deutlich mehr Kinder in diesem Familienmodell beschult oder aushäusig betreut werden müssen. Die Vereinbarkeit von Familie und Beruf muss auch für Patchworkfamilien umsetzbar sein, insofern braucht es hier flexible Kinderbetreuungsmöglichkeiten oder auch Möglichkeiten der gemeinsamen Geschwisterbetreuung in derselben Einrichtung. Letztlich ist auch die Versorgungssicherheit für Patchworkfamilien gerade deshalb ein großes Thema, weil ein hoher prozentualer Anteil aus Trennungsfamilien hervorgeht. Unterhaltszahlungen belasten und erschweren neue Familiengründungen deutlich. Staatliche Unterstützung von Patchworkfamilien, zum Beispiel durch eine Erhöhung des Kindergeldes für Patchworkfamilien oder die Einführung eines »Patchworkfamilien-Bonus« sollten deshalb in den nächsten Jahren aus meiner Sicht ebenso selbstverständlich werden wie eine Anpassung des Unterhaltsrechtes, vor allem aber steuerliche Vergünstigungen. Letztlich muss es auch möglich sein, als nicht verheiratete Patchworkeltern von denselben steuerlichen Vergünstigungen zu profitieren wie verheiratete Paare.

Die thematisch unterschiedlich gewichteten Kapitel dieses Buches verdeutlichen die Themenvielfalt, mit der sich Patchworkfamilien konfrontiert sehen. Hier braucht es einen Ausbau spezialisierter Beratungsstellen, die auf die Bedürfnisse und Verunsicherungen von Patchworkeltern, aber auch -kindern eingehen können. Gerade für die Stiefelternteile fehlt es in Deutschland gegenwärtig noch an Unterstützungsstrukturen.

Social Media ist für viele Stiefeltern ein Segen, weil sie sich hier unkompliziert austauschen und über ihre Erfahrungswerte berichten können. Es darf aber kein Ersatz für Fachexpertise und zertifizierte Beratungsstellen sein, die auf die Belange von Stiefeltern spezialisiert sind. Es ist nicht einzusehen, dass Stiefelternteile einen Großteil der erzieherischen und pflegerischen Verantwortung für ihre Stiefkinder übernehmen, aber Konfliktlösungsversuche aufgrund dieser Familienkonstellation und damit verbundener Herausforderungen in Form von psychotherapeutischer oder psychologischer Beratung selbst bezahlen müssen. Je nach Grad der Übernahme der familiären Sorgearbeit müssen Stiefelternteile beispielsweise auch stärker bei Entlastungs- und Unterstützungsstrukturen wie zum Beispiel Eltern-Kind-Kuren bedacht werden.

Stiefeltern sein darf in einer modernen Gesellschaft nicht länger eine Elternschaft zweiter Ordnung bedeuten, dies wird der Lebenssituation der meisten Stiefeltern im deutschsprachigen Raum nicht gerecht. Eine inklusive und tolerante Gesellschaft ist entscheidend für den Erfolg von Patchworkfamilien und Stiefelternschaften. Öffentlichkeitsarbeit und Bildungskampagnen sollten daher weiterhin darauf abzielen, das Bewusstsein für die Vielfalt von Familienformen zu schärfen und Stereotype und Vorurteile abzubauen.

Nur ein sich veränderndes gesellschaftliches Narrativ kann dazu beitragen, die Akzeptanz und Unterstützung für Patchworkfamilien und Stiefelternschaft zu fördern. Wir als Patchworkfamilien können entscheidend dazu beitragen, indem wir offen über Probleme und Herausforderungen dieses neuen Familienmodells sprechen und uns gleichzeitig eingestehen, dass es das EINE tolle Patchworkfamilienrezept nicht geben kann und nicht geben wird. Dazu sind wir alle viel zu unterschiedlich. Aber wir können uns mit Tipps und Erfahrungswerten gegenseitig helfen und unterstützen. Ich bin aktuell auf der Suche nach

Tipps im Umgang mit flügge werdenden Kindern und Stiefkindern. Gerade durften wir das Abitur meines Sohnes feiern, wohin es ihn zum Studium ziehen wird, steht noch in den Sternen. Meine Stiefkinder werden die nächsten vier Monate mit ihrer Mutter in den USA verbringen. Das Familienleben ist immer im Fluss, und man kann sich wohl nie ausreichend vorbereiten, egal, in welcher Konstellation man lebt. Letztlich geht es in jeder Konstellation darum, dass Eltern die Begleiter ihres Kindes sind und wissen, dass sich diese Begleitung mit den einzelnen Lebensabschnitten wandelt.

Anmerkungen

1 Entleitner-Phleps, Christine (2017): Zusammenzug und familiales Zusammenleben von Stieffamilien. Wiesbaden.

2 Kreyenfeld, M. & Heintz-Martin, V. (2012): Stieffamilien in Deutschland. Ein soziodemographischer Überblick. Expertise im Auftrag des Bundesministeriums für Familie, Senioren, Frauen und Jugend. Bundesministerium für Familie, Frauen, Senioren und Jugend.

3 Weimann-Sandig, Nina (2023): Weil Kinder beide Eltern brauchen. Neue Perspektiven nutzen, faire Betreuungsmodelle finden. Kösel Verlag.

4 BMFSFJ (2002): Stieffamilien in Deutschland. Eltern und Kinder zwischen Normalität und Konflikt. Online verfügbar unter: www.bmfsfj.de/bmfsfj/themen/familie/stieffamilien-in-deutschland-eltern-und-kinder-zwischen-normalitaet-und-konflikt-76536 (zuletzt abgerufen am 10. Juni 2024).

5 Steinbach, Anja (2015): Stieffamilien. In: O. Arránz Becker et al. (Hrsg.): Handbuch Familiensoziologie. S. 571–600. Online verfügbar unter: https://link.springer.com/chapter/10.1007/978-3-658-35219-6_23 (zuletzt abgerufen am 10. Juni 2024).

6 Döring, Gert H. (2002): Soziale Vaterschaft bei Stieffamilien. Imaginationen vom reifenden Glück. Dissertation. Tübingen. ISBN 978–3–89783–294–7.

7 Statistisches Bundesamt (2021): Auszug aus dem Datenreport. Kapitel 2: Familie, Lebensformen und Kinder. Online verfügbar unter: www.destatis.de/DE/Service/Statistik-Campus/Datenreport/Downloads/datenreport-2021-kap-2.html (zuletzt abgerufen am 10. Juni 2024).

8 Entleitner-Phleps, Christine (2017): Zusammenzug und familiales Zusammenleben von Stieffamilien. Wiesbaden.

9 https://stiefmutterblog.com/2016/07/12/kleines-sorgerecht/ (zuletzt abgerufen am 10. Juni 2024).

10 Auf die Studie wird hier detailliert verwiesen: Papadakis, H.: 13 Trennungsgründe und Tipps, damit es erst gar nicht soweit kommt. Auf der Website: www.elitepartner.de/magazin/meistern/trennungs gruende/ (zuletzt abgerufen am 10. Juni 2024).

11 Der Name wurde geändert.

12 Daly, M., & Wilson, M. I. (1996): Violence Against Stepchildren. *Current Directions in Psychological Science*, 5 (3), 77–80. https://doi.org/10.1111/1467-8721.ep10772793 (zuletzt abgerufen am 10. Juni 2024).

13 Der »Aschenputtel-Effekt«: Warum Stiefeltern manchmal böse sind. In: News4Teachers, 13. November 2013, abrufbar hier www.news4teachers.de/2013/11/der-aschenputtel-effekt-warum-stiefeltern-manchmal-boese-sind/ (zuletzt abgerufen am 10. Juni 2024).

14 Jurczyk, K.; Lange, A.; Thiessen, B. (Hrsg.) (2014): Doing Family. Warum Familienleben heute nicht mehr selbstverständlich ist. Weinheim und Basel.

15 Abrufbar in der ARD-Mediathek: www.ardmediathek.de/video/frau-tv/stiefmutter-sein-zwischen-liebe-und-eifersucht/wdr/Y3JpZDovL3dkci5kZS9CZWl0cmFnLXNvcGhvcmEtMjc3NDllMmMtMWRlYS00MWI5LWEyOTQtNzhlMmExYmZiZTUx (zuletzt abgerufen am 10. Juni 2024).

16 Koester, E. (2023): Stiefmutter sein. Vom ungeplanten Glück, in einer Patchworkfamilie zu leben. Penguin Verlag.

17 Beck, Ulrich/Beck-Gernsheim, Elisabeth (1990): Das ganz normale Chaos der Liebe. Suhrkamp.

18 Baader, M. S.; Götte, P.; Groppe, C. (2013): Familientraditionen und Familienkulturen: Theoretische Konzepte, historische und aktuelle Analysen, Springer.

19 Winkler, Michael (2012): Erziehung in der Familie. Innenansichten des pädagogischen Alltags. Kohlhammer.

20 Weimann-Sandig, Nina (2021): Perspektiven von Familienmitgliedern auf das Wechselmodell. Ergebnisse einer explorativen Untersuchung. Schriftenreihe ehs-Forschung, Heft 2/2023. Online verfügbar unter: https://slub.qucosa.de/api/qucosa%3A76497/attachment/ATT-0/ (zuletzt abgerufen am 10. Juni 2024).

21 https://familienportal.nrw/de/patchworkfamilien/patchworkfamilie-gestalten (zuletzt abgerufen am 10. Juni 2024).

22 https://familienportal.de/familienportal/lebenslagen/trennung/patchworkfamilien (zuletzt abgerufen am 10. Juni 2024).

23 https://stiefmutterblog.com/ (zuletzt abgerufen am 10. Juni 2024).

24 www.patchworkaufaugenhoehe.de/blog/ (zuletzt abgerufen am 10. Juni 2024).

25 Donath, Orna (2017): Regretting Motherhood. A Study. North Atlantic Books.

26 »Regretting Motherhood«: Wenn Mütter das Kinderkriegen bereuen. Zeit.de, ze.tt, 13. November 2019. www.zeit.de/zett/2019-09/regretting-motherhood-wenn-muetter-das-kinderkriegen-bereuen (zuletzt abgerufen am 10. Juni 2024).

27 Mein Kind mag mich nicht! Was Eltern tun können, Wunderweib, 24. März 2020. www.wunderweib.de/mein-kind-mag-mich-nicht-was-eltern-tun-koennen-110474.html (zuletzt abgerufen am 10. Juni 2024).

28 Marianne Nolde. Blogeintrag in ihrem Facebook-Profil, »Meine Erfahrung als Stiefmutter – Teil 3«.

29 Steinbach, A. (2010). Familienstrukturelle Einflüsse auf die Beziehungen von Stiefeltern und erwachsenen Stiefkindern. In: Generationenbeziehungen in Stieffamilien. VS Verlag für Sozialwissenschaften. https://doi.org/10.1007/978-3-531-92511-0_6 (zuletzt abgerufen am 10. Juni 2024).

30 Definitionen und viele weitere Informationen finden sich auf der Website: www.emotionale-intelligenz.info (zuletzt abgerufen am 10. Juni 2024).

31 Mehr Informationen zur Gottman-Methode finden sich hier: www.Gottman-Methode.de (zuletzt abgerufen am 10. Juni 2024).

32 Zum Beispiel Wilken, Beate (2024): Methoden der kognitiven Umstrukturierung. Ein Leitfaden für die psychotherapeutische Praxis. Kohlhammer.

33 Weimann-Sandig, Nina (2021): Perspektiven von Familienmitgliedern auf das Wechselmodell. Ergebnisse einer explorativen Untersuchung. Schriftenreihe ehs-Forschung, Heft 2/2023. Online verfügbar unter: https://slub.qucosa.de/api/qucosa%3A76497/attachment/ATT-0/ (zuletzt abgerufen am 10. Juni 2024).

34 Gannong, L. H.; Coleman, M. (2004): Stepfamily Relationships. Development, Dynamics and Interventions.

Nina Weimann-Sandig
WEIL KINDER
BEIDE ELTERN
BRAUCHEN
Neue Perspektiven nutzen –
faire Betreuungsmodelle finden
Hilfe für
Trennungs-
familien